Anne Dufourmantelle

Verteidigung des Geheimnisses

Aus dem Französischen von
Luzia Gast

DIAPHANES

Inhalt

Für Mathieu Terence

Vorbemerkung

Ein Kind spielt Verstecken. Es versteckt sich hinter einer Tür. Auf der anderen Seite unterhalten sich zwei Erwachsene. Sie äußern sich beunruhigt über seine Entwicklung. Die Enthüllung geschieht ganz beiläufig, als wäre es eine Banalität. Das Kind ist wie gelähmt. Es hat verstanden. Hinter diesen Moment kann es nicht zurück. Die Zeit ist unumkehrbar, das Wissen auch. Eine Stimme, ganz nah, ruft: »Ich hab' dich!« Das Kind kommt aus seinem Versteck. Es ist für immer verwandelt. Das andere Kind, das es gesucht hat, weiß von nichts. Auch die Erwachsenen hinter der Tür nicht, die jetzt nichts mehr sagen.

Es spielt nicht mehr.

I

Erinnerungen an das Geheimnis

Ursprünge

Psychoanalytikerin zu werden heißt, sich auf die Seite des Geheimnisses zu begeben. Sich für das Halbdunkel zu entscheiden, für eine heimliche Reise in die Stille, für immer Migrant zu bleiben. Der lateinischen Etymologie zufolge ist das Geheime, *secretus*, ein Fernhalten, auf Abstand halten, etwas »zur Seite Gelegtes«, »Reserviertes«. Gemäß dem sanskritischen *kris*, griechisch *krisis*, entstammt die Notwendigkeit des Geheimen der ursprünglichen Trennung von Göttern und Menschen. Das Geheimnis, der Schwur und das Heilige haben alle drei einen Bezug zum Unsagbaren, alle drei sind im Gedächtnis der Sprache unauflösbar miteinander verbunden. Die gleichen Grenzen, die das Göttliche vom Profanen, die Toten von den Lebenden, die Nacht vom Tag, das Wort vom Schweigen, das Intime von den anderen trennen, regeln auch die menschlichen Gemeinschaften. Das Geheimnis löst sie auf.

Die psychoanalytische Sitzung hat von der christlichen Beichte die Struktur von Geständnis und Vergebung übernommen, nicht aber die Vorstellung des Bekenntnisses einer unter den Augen Gottes begangenen Verfehlung.

Der Analytikerin »alles zu sagen« ist keine Aufforderung zu einer trügerischen Einsicht in sich selbst, noch geht es darum einzugestehen, was von der Allgemeinheit gerade für gültig erachtet wird, überhaupt geht es nicht darum, irgendetwas zu bekennen. Es ist vielmehr eine Einladung zu einer riskanten Wette, sich von eingeprägten, aus einer Leidenszeit stammenden Verhaltensmustern befreien und andere, lebendigere, offenere Handlungsräume entwerfen zu können – so, wie zwei Orchestermusiker sich über die Interpretation einer noch unbekannten Partitur verständigen. Wo Angst regierte, wo Symptome das tägliche Leben beherrschten, wo alle Zukunft sklavisch an der Vergangenheit hing, ist da Befreiung möglich? Die Kammer der Geheimnisse macht dem Platz, was nie erzählt oder enträtselt werden wird: dem Mysterium.

Das Hinterfragen der eigenen Geschichte führt nicht unbedingt zu Enthüllungen, wohl aber zu Sinnverschiebungen, welche die Last des Fluchs und jene Logik, die die Gewalt dieses Fluchs immer weiter fortführt, aufzuheben vermögen. Selbst wenn Geheimnisse machtlos geworden sind, kehrt ihre Toxizität doch manchmal mit aller Gewalt zurück. Wie wir selbst, sind auch sie in ständigem Werden, in einem steten Wandel begriffen, den nicht einmal die gefrorene Zeit des Traumas unterbricht. Noch Momenten nacktester Angst wohnt eine Möglichkeit zur Verwandlung inne.

Den intimen Raum des anderen zu respektieren heißt, sich mit der Nacht zu verbünden, ihr keine Grenzen zu setzen, den Gedanken zuzulassen, dass das Licht nicht das Gegenteil der Finsternis ist, sondern ihr geheimster Verbündeter, es bedeutet, in geheimen Taten, Gedanken, Gefühlen nicht eine Bedrohung, sondern, im Gegenteil, die Voraussetzung für diese Beziehung zu erkennen. Wie der Traum ist das tiefste Innere die Quelle einer Intelligenz, bei der wir eher Empfangende denn Befehlsgeber, mehr Deuter denn Schöpfer sind.

»Ich sage dir jetzt etwas, das du niemandem weitersagst...« Jemandem etwas anzuvertrauen ist eine Einladung in das intimste Innere eines Menschen. Ein solches Auserwählen ist aber auch ein Fernhalten. In gewissem Sinne ist man bei einem Geheimnis immer zu dritt: der Hüter, der Zeuge, der Ausgeschlossene. Diese wesensmäßige Dreiheit kann sich jederzeit entzünden, in Eifersucht, in Machtkämpfen. Vor jedem Anvertrauen aber gibt es noch ein verborgenes Wort, das von Ich zu Ich wandert. Das Echo unserer inneren Stimme, unserer intimen Geständnisse im Traum streut seinen Samen bis ins tiefste Innere. Seit unserer Kindheit ist diese immense Reserve eine Quelle des Schöpferischen, von Freiheit und Freude. Und aus genau diesen Gründen wird sie unterdrückt.

Ja mehr noch: Unsere heutige Zeit hegt eine regelrechte Aversion gegen sie. Als zeitgemäß erscheint, sich von Momenten des intimen Selbstverhältnisses abzuwenden. Die Stille weicht dem Lärm, dem unablässigen Geschwätz und der Omnipräsenz der Bildschirme, die alle Aufmerksamkeit in Beschlag nehmen. Fast alle unsere Sinne werden mobilisiert. Die vielfältigen Formen des Gebets, das Horchen auf die innere Stimme und das Betrachten der inneren Wunschvorstellungen – von der ungezwungenen Träumerei bis zur Langeweile –, das Schreiben eines Briefes und das Warten auf die langersehnte Antwort: All dies sind Wege des Geheimnisses, die einen Horizont grenzenloser Immanenz eröffnen.

In der Krypta

Ob in den heimlichen Schlichen der Götter oder der militärischen Geheimhaltungspflicht, ob bei erotischen Vertraulichkeiten oder dem Verschleiern eines Verbrechens, die Wahrheit pflanzt Momente des Schweigens direkt in unser Leben. Warum wird mit der Wahrheit hinterm Berg gehalten, warum wird sie unbedingt zurückgehalten, wenn es um Macht, Liebe, Eingeweihtsein geht?

Unser Wortgebrauch zeugt von einer Vielfalt an Geheimnissen. Auf geistiger Ebene sind es vor allem erotische Träumereien, Gedanken, Gefühle oder Sinneseindrücke, im geschäftlichen Bereich verdeckte Provisionen oder geheime Transaktionen, in der Dingwelt begegnet man ihnen in Form von Sicherheitsschlössern, Geheimtüren, verborgenen Treppen, unvermuteten Zugängen. Im Dunstkreis der Weihe und des Rituals nimmt das Geheimnis die Gestalt von Gebeten, Observanzen, heiligen Schriften an. Diese Konstellation des Geheimen reduziert es letztendlich auf ein Haben, dabei geht es doch in grundlegender Weise um das Sein.

Es ist die Psychoanalytikerin in mir, die sich mit diesen Fragen beschäftigt, die tagaus, tagein heimlichen Gedanken, verbotenen Phantasien, Geständnissen lauscht, all dem, was man in normalen Gesprächen nicht sagt. Was für eine seltsame Leidenschaft, Mitwisserin von familiären Intrigen, Szenen unüberwindbarer Scham, von Betrügereien, Denunziationen, verheimlichten Kindern, aber auch von unaussprechlichen Freuden, einer Liebe, eines Versprechens zu sein. In welche Krypten darf eine Analytikerin hinabsteigen, um dort schließlich auf eine ausgesprochene Wahrheit zu stoßen! Aber vielleicht geht es auch um ein ganz anderes Geheimnis? Sind es wirklich die seit der Kindheit mehr oder weniger absichtlich verheimlichten Dinge, die unser Leben prägen, oder nicht vielmehr das in jedem von uns tief Verborgene, dessen Existenz wir leugnen? Man muss hier von jener Grenzlinie ausgehen, die das Bewusste und das Unbewusste trennt, oder vielmehr – weil ich die Bereiche des Psychischen nur ungern substantiviere – von jener Linie, die die Grenze zwischen Bewusst-Werden und Verheimlicht-Werden markiert. Schließlich kann man auch unwissentlich der Hüter der eigenen Geschichte sein, jenes Geheimnisses, das über einen selbst wacht.

Etymologie

Das Christentum hat einen Zwischenbereich geschaffen, in dem Heiliges und Profanes nicht gänzlich getrennt sind und wo »unser entblößtes Herz« für Gott lesbar ist. Der Raum dieser Intimität, in dem das Göttliche sich spiegelt, lässt Grenzen zu, die auf andere Weise unantastbar sind als jene, die unser soziales Leben bestimmen, führen sie doch in den eingefriedeten Bereich unseres Innenlebens. In den Verkündigungen des Fra Angelico bleibt die Einfriedung verborgen, die den Garten von jenem Ort abtrennt, wo der Erzengel Gabriel zu Maria spricht. Verborgen ist der Pfad, auf dem Vergil durch die waldige Wildnis in Dantes *Hölle* geht. Verborgen ist das dem Eingeweihten versprochene Wissen. Verborgen ist das, was dem Blick entzogen nur auf Umwegen erscheint: der Schädel der Anamorphose, der in einer Partitur eines Liedes verschlüsselte Name einer Liebe, das Siegel eines Bundes, der zwei Wesen einander von den anderen gesondert verpflichtet. Verborgen ist der Grund eines Eids, der gerade deshalb auch verraten werden kann.

Im Alten Testament ist der Ort des Geheimnisses das Buch Esther (der Name bedeutet »verborgen«). Es bindet den mittelalterlichen Rechtsbegriff des *for* (das *forum internum*, das tiefste Innere, das Gewissen) an die Stimme des Dichters und des Troubadours, an den geistlichen Gesang und derart an eine Erkenntnissuche. Für die Romantiker wurde es zum Spiegel der Seele, in der sich wiederum die Welt spiegelt. Im 20. Jahrhundert ist es ein wie ein Packen strukturiertes Unbewusstes, das den Ausdruck dieses Inneren erneut eingeschlossen hat. Auf den Trümmerfeldern der beiden Weltkriege sind neuartige Überwachungstechnologien erwachsen: mediale Diskurse, digitale Speichermedien. Die Tyrannei eines Rechts auf Wissen geht einher mit dem Ressentiment eines Kollektivs, das sich getäuscht fühlt.

Als das Geheimnis erscheint

Als in den Texten des Mittelalters um das 12. Jahrhundert herum das Wort *segreda/segretus* auftaucht, bezeichnet es zunächst die Trennung der Spreu vom Weizen nach der Ernte und im übertragenen Sinne ganz allgemein jede Form des Absonderns: Aborte, Geheimfächer, Briefe. Von da aus werden diese Winkel des verborgenen Lebens zu etwas, das sich im Körper selbst verbirgt, sich erotisch auflädt. Das *secret* der Dame ist die Intimität, mit der sie ihren Ritter »küsst«. Vom »Anblick« zur Berührung ist das Geheimnis das Attribut dessen, was im Begehren selbst im Verborgenen bleiben muss. Aber zugleich vergeistigt es. Es bezeichnet das Göttliche, mehr noch, den Eid und das Heilige, die durch die Sprache (*sacramentum*) zu dessen Vorrangstellung beitragen. Das vom Mystiker mit Gott geteilte Schweigen gehört diesem an.

Das Geheimnis ist weder Rätsel noch Mysterium, auf die es gleichwohl verweist. Rätsel und Mysterium fallen eher in den Bereich der lateinischen *occulta* als unter das Abgesonderte der *segreda*. Das Rätsel ist ein durch Wissenschaft oder Experiment noch nicht entschleiertes Wissen. Und ist das Mysterium nicht die entscheidende Chiffre, die ihre unverbrüchliche Dauer stets erneuert?

Wenn man noch hinter das *segreda/sacramentum* zurückgeht, stößt man auf die griechische *krisis* und das *kris* aus dem indoeuropäischen Sanskrit. Derart abgründige Etymologien werfen Fragen auf: Ist das, was das Geheimnis begründet, etwas Weltliches oder vielmehr eine unsichtbare, unsagbare Wirklichkeit? Ist das Geheimnis bereits eine Figur unserer menschlichen Innenwelt, so wie für uns Heutige, oder besteht das Wesen der Welt darin, geheim, verborgen zu bleiben? Für die Griechen bleibt dem Menschen sein Schicksal, das sich seiner über die verschlungenen Wege widerstreitender Leidenschaften bemächtigt, unbekannt. Es ist der blinder Seher Teiresias, der Laios hinterbringt, dass sein Sohn Ödipus ihn töten wird. Die Verfehlung besteht in der Weigerung des Königs von Theben, dieses Wissen anzunehmen, das die Götter ihm anvertraut haben und gegen das er nichts ausrichten kann. Anstatt irgendetwas damit zu »machen« oder sich darauf vorzubereiten (das Schicksal zu bejahen bedeutet für die Griechen, sich von ihm zu befreien: Das Unabwendbare zu erfüllen ist nicht das Gleiche wie es zu erleiden; nichts anderes sagt auch Freud), entledigt sich Laios des Kindes, indem er einen Diener anweist, es fern von seinen Blicken umzubringen. Wie die Geschichte ausgeht, ist bekannt... Nur die innere Versenkung kann den Menschen aus der Herrschaft seiner Leidenschaften, von der Verführung des äußeren Scheins befreien und dem Suchenden Ruhe spenden. Für die Griechen ist das Geheime und Verborgene das Wesen der Welt selbst (worauf sich Heidegger mit seinem Wahrheitsbegriff bezieht). Am Ende von *Ödipus auf Kolonos* geht es erneut um ein Geheimnis, um eines, das niemandem, nicht einmal der Lieblingstocher Antigone verraten werden darf, jenes Geheimnis, das Ödipus Theseus anvertraut. Es ist das Geheimnis vom Ort (und der Art) seines Todes. Ein Punktum und »letztes« Geheimnis, auf das jedes menschliche Leben stößt.

In seinem Seminar über die Gastfreundschaft hinterfragt Derrida diesen Sterbeort des Ödipus, der nicht enthüllt werden darf. Das Geheimnis als »Augenblick des gesprochenen Worts« stellt eine Verbindung zwischen Ödipus und Theseus her, ist aber auch, da die Töchter nicht wissen dürfen, wo Ödipus sterben wird, das Unaussprechliche eines unbetretbaren und heiligen Ortes. Sophokles' Tragödie ist wahrhaft »hellsichtig«, wenn sie uns als Inhalt des Geheimnisses, als Gegenstand einer möglichen Macht genau das anbietet, was uns entgeht: die Stätte des Todes selbst, das, was jedem Einfluss, jeder Macht entgeht – die reine Immanenz des Augenblicks des Todes in Exil und Irrsal.

Ödipus hat sich die Augen ausgestochen, weil er die Wahrheit kannte, sich aus Hochmut aber als Herr über sein Schicksal wähnte. Wenn der Kosmos einen Helden zum Spielball gefährlicher Leidenschaften macht, dann setzen die Götter alles daran, den Irregeleiteten an den Ort zurückzuverweisen, der ihnen angemessen erscheint. Die griechische Ethik ist eine Ethik des Richtigen, sie setzt die Fähigkeit voraus, sich an einen inneren Gleichmut zu halten, der keine subjektive Dimension, sondern eine universelle Regel ist. Was für die Gesetze der Menschenwelt gilt, gilt auch für die Naturwelt. Wer sich den Göttern ebenbürtig glaubt, der verfällt der Hybris (dem Unmaß), so wie Epimetheus, als er die Büchse der Pandora öffnet. Sämtliche darin verborgenen Übel der Schöpfung ergießen sich aus ihr über die menschliche Gattung, einzig die Hoffnung verbleibt in der Büchse.

In der Genesis ist der Mensch, der dafür bestraft wurde, vom Baum der Erkenntnis gegessen zu haben, in die Endlichkeit eingetreten. Bei den Hebräern ist all jenes Wissen geheim, dessen Weitergabe Fortbestand und Wert sichert. Es gibt eine Ethik und eine Verantwortung für das, was »verborgen« bleiben muss, wie der unaussprechliche Name Gottes.

Eine solche Ethik bindet die Menschen sowohl an das Abenteuer der Erkenntnis wie an die freiwillige Entsagung allen Wissens. Denn in seiner Gesamtheit gehört es nur Gott.

Die Überlieferung der jüdischen Hermeneutik und des Talmud zeugt von der kreativen und normativen Macht dessen, was entzogen bleiben muss. In der Bibel findet sich das Bild des doppelten Vorhangs, der im Tempel das »Heilige« vom »Allerheiligsten« trennt. Dieser Vorhang grenzt einen für den Normalsterblichen unbetretbaren Raum ab, eine Stätte, die er hüten muss. Dieser Vorhang wird von der christlichen Überlieferung dann nach innen, in die unverletzliche innere Festung verlegt. Die zur Konversion gezwungenen Marranen praktizierten ihren jüdischen Glauben im Geheimen. Ein öffentliches Bekenntnis ihres stillen Auserwähltseins wurde mit dem Tod bestraft. Gewisse Rituale waren eigens dafür da, Überleben und Widerstand zu gewährleisten, sodass deren Weitergabe nur im Geheimen erfolgen konnte.

Okkulte Macht

Jedes neue Wort lässt eine ganze Welt entstehen. Während des christlichen Mittelalters wurde die Figur des Geheimnisses nicht mehr nur als Weltordnung, sondern als das Innenleben eines Subjekts begriffen. Die innere Festung, das innerste Innere war jener Herzensort, den nur Gott allein kannte. Selbst während der Inquisition und unter Folter konnte jede Person sich auf das unverletzliche Geheimnis dieser inneren Festung berufen, in die nur Gott Einsicht hatte. Dies war eine Revolution, die nach und nach aus allem »Intimen« einen Wert und aus jedem Einzelnen ein Wesen machte, das zuallererst sich selbst und erst in zweiter Linie der Welt angehört. Eine philosophische Tradition von Augustinus über Abelard, Duns Scotus und Pascal bis hin zu Kierkegaard sucht das Singuläre in einer Beziehung zum anderen und nicht mehr in der Immaterialität des Seins. So wird auch im Roman des Mittelalters das Geheimnis zur wesentlichen Triebkraft des Dramatischen und rückt in seiner kathartischen Funktion in den Blick. Das aufzuschreiben, was eigentlich verschwiegen werden soll, das Verborgene zur allgemeinen Kenntnis zu bringen, bildet eine tiefgreifende soziale Überschreitung. Geheimnisse weiterzugeben bedeutet, auf das Verbotene zuzugreifen. Ab dem 12. Jahrhundert vertieft sich der Widerstreit zwischen einem Innersten (einem jeder Rechtssprechung entzogenen, nur dem Anblick Gottes unterstellten Bezirk, dem *forum internum*) und einer sich verändernden Rechtspraxis, die voraussetzt, dass Zeugenaussagen unter dem Siegel der Wahrheit erzwungen und durchgesetzt werden können. So kommt beispielsweise die Frage auf, unter welchen Bedingungen das Beichtgeheimnis aufgehoben werden darf. Diese und andere Fragestellungen rühren an die Fundamente der Selbstbestimmung des Individuums zwischen Gehorsam und Aufbegehren.

Zwischen Heimlichkeit und Intimität, Unzugänglichem und Offenbartem, Verschwörung und öffentlicher Enthüllung ist das Geheimnis zum Schlüssel individueller Identität geworden, während es in der griechischen und römischen Gesellschaft den Göttern und Gesetzgebern vorbehalten war und letztlich die unveränderliche Weltordnung widerspiegelte.

Es gibt noch ein Wortfeld, in dem sich – nach wie vor an der Schwelle zum 12. Jahrhundert – die Vorstellung vom Geheimen ausdrückt: nämlich das Okkulte, von lateinisch *occullere* (von *ob/colere*, was so viel bedeutet wie gegen/ehren, kultivieren). In diesem Zusammenhang besteht ein fundamentaler Unterschied zwischen dem Geheimnis in Verbindung mit einem *secretum* und dem Geheimnis in Verbindung mit den *occulta*. Das *secretum* bezieht sich auf ein menschliches Wissen, das verheimlicht werden darf oder kann. Es betrifft zugleich die Innenwelt und die Strategien der Politik, die der Informationskontrolle oder einer Verschwiegenheitspflicht dienen, die eine Gesellschaft ihren Bürgern auferlegt. Die *occulta* hingegen bezeichnen ein Verborgenes, das mit dem Göttlichen oder mit Initiationsriten in Verbindung steht. In gewisser Hinsicht dreht sich hier alles um die Trennung von Heiligem und Profanem, der ein Verständnis von Wahrheit als etwas »Verschanztes« zugrunde liegt. So bezeichnen die antiken Weisheiten die Wahrheit als etwas, das außerhalb des gemeinen Erkennens und Verstehens liegt. Sie ist allein demjenigen vorbehalten, der bereit ist, sich auf den Weg der

Initiation zu begeben. Aber was liegt eigentlich jenseits der Trennlinie, wenn es keine Götter mehr gibt? Welche Einfriedung um welchen Garten wird eine Verkündigung ans Licht bringen können?

Die Vorstellung einer heiligen, okkulten Wahrheit, zu der nur eine Initiation den Zugang eröffnet, verstellt den Blick auf die Dimension ihrer Entstehung und ihres Werdens. Was verschleiert ist, wird in einer starren Unzeitlichkeit begriffen. Es ist für alle Ewigkeit verborgen. Nun gibt es aber auch im Geheimen ein Werden.

Wie bei jedem Lebensprozess ist dieses Werden einer Verpuppung vergleichbar, durch die mit der ihr eigenen Zeitlichkeit eine Andersheit ins Innerste aufgenommen wird. Die subjektive Innerlichkeit, die *camera obscura* eines Menschen, das Geheimnis, das dieser Mensch hütet (die plötzliche Entdeckung einer Adoption etwa), steht nicht für alle Zeiten fest, vielmehr entwickelt es sich mit der Zeit, während der es gehütet wird. Die Spirale, in der ein Mensch dieselben Erfahrungen, dieselben Traumata erneut durchlebt und sich im gleichen Zug von seiner eigenen Geschichte losmacht und befreit, diese Spirale ist dynamisch.

Und doch ist eben genau das an einem Menschen, dessen man sich bemächtigen will, sein Geheimnis. Man würde gerne zu fassen bekommen, was sich stets entzieht. Und dies aus zwei Gründen: Zum einen, gerade weil es seinem Wesen nach nicht fassbar ist, zum anderen, weil es der von der Entwicklung eines Menschen unabtrennbare Kern ist, sein innerer Antrieb. Alles Geheime ist Werden. Geheim ist, was sich selbst verheimlicht.

II

Die Leidenschaft für das Geheimnis

Den Schleier lüften

Das Unbewusste wurde im Wesentlichen in dem Bemühen »erfunden«, einem gewissen Geheimnis des Körpers zu begegnen, das für unser Begehren und seine Avatare (die Gestalten seines Imaginären) zuständig ist. Was wissen wir eigentlich über das, was uns aufwühlt, in Angst versetzt, unsere Wünsche erzeugt? Über das, was unseren Mut herausfordert oder unsere Feigheit nährt, was in uns eine Entscheidung reifen ließ? Über das, was uns eine lange offene Gleichung hat lösen lassen? Freuds (und Schopenhauers) Erfindung eines unterhalb des Bewusstseins und hinsichtlich unseres Begehrens besser ausgerüsteten Systems, das dem Bewusstsein Kompromisse abringt, hat nichts von seiner Aktualität verloren.

Das 20. Jahrhundert hat nicht nur die Schrecken der Weltkriege und eine rasante technische Beschleunigung hervorgebracht, sondern auch das Kino und das Unbewusste: beides Formen der *camera obscura*. Freud hat einen Prozess gegen das Bewusstsein angestrengt, dem weiter nachzugehen nicht einmal Sartre wagte. Das ganze Arsenal menschlicher Ängste wurde auf die Couch geladen, um dort eingestanden zu werden. Und doch eröffnete diese durch die Psychoanalyse hervorgebrachte Teilung des Bewusstseins einen sonderbaren Weg. Indem die Psychoanalyse sich über Geheimnisse der Familie, des Inzestes, über Bettgeheimnisse aller Art hermachte, hat sie wohl auch dazu beigetragen, diese dem »Feind« zuzuspielen. Unzählige Medikamente und oberflächliche Diagnosen sollten bald schneller und besser damit fertig werden, als es jede Gesprächstherapie vermag.

Als Wissenschaft vom Unbewussten behauptet die Psychoanalyse, dass es in uns eine geheime Macht gibt, die sich in unseren Träumen, Fehlleistungen, Versprechern offenbart, eine Wahrheit, von der wir nichts wissen wollen. Sie geht zudem davon aus, dass ein Lüften jenes Schleiers, der über Sexualität, Scham, Begehren und all unseren Wunschbildern liegt, das Subjekt auf eine neue, weitreichendere, fruchtbarere, reflektiertere Art und Weise sich selbst näherbringt. Ihr Werk ist das Enthüllen von Geheimnissen. In gewisser Weise ist es ihre Leidenschaft. Und doch impliziert eine solche Selbsterkenntis nicht notwendigerweise, dass man sich dem tyrannischen Begehren unterwirft, alles über den anderen zu wissen. Es verhält sich eher genau umgekehrt. Die Ethik der Psychoanalyse setzt voraus, dass man die »Wahl« hat. Wenn das Unbewusste das erste Geheimnis des Bewusstseins ist, wie soll man dann den Weg zu seiner Enthüllung finden, ohne zugleich seine wesentliche Präsenz in uns, die das Innerste beschützt und seinen Reichtum, seine Subtilität, seinen Kosmos bewahrt, zu entweihen? Schöpferische Menschen wissen das. Sie geben Acht darauf, sich nicht in sorgloser Selbsterkenntnis von ihrer Kunst abzuschneiden.

Hat nicht Lou Andreas-Salomé Rilke vor einer Analyse bewahrt und ihn davon abgebracht, Freud zu konsultieren? Ein und dasselbe Element kann, je nach dem, wie es verdrängt wurde, eine ganze Familie vergiften oder jemanden zum Künstler machen. Eine Frau – keine meiner Patientinnen – hat mir einmal die Geschichte ihres Mannes, eines erfolgreichen Malers, erzählt, der im Alter von 18 Monaten gemeinsam mit seiner Mutter deportiert wurde und bis zu seinem fünften Lebensjahr im Konzentrationslager überlebt hat… Der Solidarität der Frauen, die in einer Munitionsfabrik arbeiteten, ist es zu verdanken, dass er versteckt gehalten werden konnte. Jeden Morgen überließ ihm seine Mutter einen Brotkanten für den Tag, den er bis zu ihrer Rückkehr am Abend unangetastet ließ. In seinem finsteren Versteck gab es ganz oben ein kleines Dachfenster, die einzige erhellte Stelle. Auf den gänzlich abstrakten Gemälden des Malers findet sich stets dieses Viereck. Es legt sein Geheimnis zwar nicht offen dar, doch ist es eng mit dem wesentlichen Geheimnis seines Lebens verbunden, in dem sich persönliches Schicksal, Geschichte und Andenken ineinander verwoben finden.

Die kühne Behauptung der Psychoanalyse ist, das Begehren zeige sich vor aller Augen, in jeder Äußerung, jeder Geste, jeder Absicht, jedem Zeichen, ohne dass dies jemand, zuallerletzt man selbst, bemerken würde. Manchmal ist das einfach Schummelei, ein Ausweichen, ein Trugbild, eine Zerstreuung, ein Code, ein Zeichen, ein Schleichweg. Beim Analytiker beklagt man sich, das Leben laufe falsch. Man benutzt ihn als Zeugen. Man sei vom Schicksal gebeutelt – eine andere Bezeichnung für Zufälle, Pech, Mangel an Anerkennung oder erlittene Ablehnung. Man sieht nicht, wo man eigentlich steht, und dieses Durcheinander aus Affekten, Schuldgefühlen, Erwartungen und Vermeidungsstrategien verrät einen, denn es ist Ausdruck unseres inneren Lebens.

Aber das Leben ist weder gleich »Ich« noch gleich »Existenz«, eher ähnelt es Gold oder einer Quelle. Verstopft (als Quelle) oder vergraben (als Gold) bestimmt es unsere Existenz, beeinflusst es unsere Handlungen, untermauert es unsere Absichten, durchströmt es unsere Gedanken, ohne dass wir zu ihm Zugang hätten. Und doch sind wir es, die bei diesem Tanz führen. Es ist schließlich unser Leben, und in der radikalen Verkennung unseres Begehrens liegt so viel Leid. Und so wenig Freiheit. Man sollte also unbedingt auf dieses geheime Leben hören, seinen Gesang inmitten all des Lärms vernehmen, seinen Rhythmus freisetzen, seine Macht, seine Tonalität, seine Singularität, will man nicht mehr in sich selbst und im Dunklen eingesperrt sein.

Das Uneingestandene

Wir leben in einer Kultur des Geständnisses, was bedeutet: des Uneingestandenen. Wer weder über die materiellen noch die psychischen Mittel verfügt, dem zu entkommen, wird heutzutage zum Verlierer abgestempelt. Deklassiert ist man nicht mehr von Geburt an durch seine Herkunft, sondern weil man die vom gesellschaftlichen Organigramm zugewiesene Rolle ungenügend ausfüllt. Wer sich nicht mit dem erwarteten Eifer in das technobiologische Zeitalter stürzt, glücklich, entschlüsselt zu werden, beschützt und also überwacht, überwacht und also suspekt, wird links liegen gelassen. Unbemerkt vollzieht sich ein Prozess brutaler und stiller Segregation, die Behüteten auf der einen, die Abgehängten auf der anderen Seite. Nie lief das Geschäft mit Körpern, Ideen, Geld, Geschichten, Werten, Dingen besser als heute. Mit den massenhaft produzierten Kommunikationsmedien hat das Individuum ein Mittel zur Steigerung seiner Macht gefunden, ohne zu erkennen, dass sich gerade durch diese seine Abhängigkeit und Ohnmacht immer mehr vertieft.

Was glauben wir uns nicht eingestehen zu können? Alles beginnt mit der Kindheit, diesem von vielfältigen Intensitäten durchzogenen Land. Eine jede Kindheit ist von geheimen Dingen getränkt: Augenblicke des Glücks und der Schmach, verbotene Funde, Erleuchtungen, Schrecken. Sie ist eine fortgesetzte Initiation. Jeder Tag gibt Gelegenheit zu Entdeckungen. In *Totem und Tabu* bezieht sich Freud auf Frazers *Der goldene Zweig* und stellt Überlegungen darüber an, was von jenem magischen Weltverhältnis in uns übrigbleibt, das in unserer Kindheit wurzelt. Er kommt zu dem Schluss, dass der animistische, sogenannte »primitive« Weltbezug der Völker jenem des Kleinkindes ähnelt, dem Rituale Schutz vor dem angsteinflößenden Chaos seiner inneren Wünsche bieten und aus ihm einen Soldaten in einem imaginären Kampf gegen unsichtbare Mächte machen. Kuscheltiere und andere »hobby horses« (Tristram Shandy) fungieren als Bindeglieder zum Realen. Die Totemisierung ist ein wesentlicher Vorgang der menschlichen Sozialisation. Wie die Konsitution des Fetischs in der Objektbeziehung umschreibt sie einen möglichen Raum für zwischenmenschliche Liebes- wie auch Machtbeziehungen. Sie lässt die sexuierten Körper und die Bindungen zwischen den Körpern zirkulieren, sie trennt die Toten von den Lebenden. Ihre Ordnung ist exakt jene des Geheimen. Das Verbotene, das es darstellt, kann selbst nicht ausgedrückt werden: Es ist absolut.

Das Geständnis wird zur Norm, und das, was nicht eingestanden werden kann, also das, was potentiell jedem zur Last gelegt werden kann, »separiert« sich vom Kommunikationsfluss. Die neuen Totems heißen Facebook, Instagram, Twitter usw.

Manchmal ist das, was versteckt wird, tödlich. Sei es, dass das Kind nicht zu sagen vermag, was es getan oder was man ihm angetan hat, sei es, dass man ihm ein Geständnis macht, das es nicht tragen kann. Die Ambivalenz seines eigenen Wünschens oder Hassens dauert im Erwachsenen fort, zu dem es in mehr oder weniger komplizierten Verläufen heranwächst, stets dem Ziel folgend, die Widersprüche seiner Affekte auf »plausible« Weise zu regeln.

Etwas Uneingestandenes liegt in den Regungen des Begehrens und der Furcht ebenso wie in den Widersprüchen von Liebe und Hass. Das Bewusstsein strebt nach Klarheit, indem es versucht, die versteckten, sich ohne sein Wissen vollziehenden Vorgänge offenzulegen. In der Begegnung mit anderen (vor allem jeglichem Fremden) riskiert es, eine verdrängte Gewalt zu entfesseln. Es gibt Offenbarungen, die nicht ohne Gefahr sind. Das Subjekt entdeckt, dass es Loyalitäten untersteht, die es »bearbeiten«, Bewunderungen, die es fesseln, Hassgefühlen, die es zerstören. Muss man, um Licht ins Dunkel zu bringen, immer in die Krypta hinabsteigen? Was ist der Preis, alles von sich zu wissen?

Ein Schatz, ein Gift

Was uns vom Geheimen bleibt, ist ein tief in uns eingelassener profaner Schatten. Die Grenze einer Grenze. Dieses Wort, das Jahrhunderte durchquert hat, bezeichnet den Ort des Allerintimsten, den Ort einer stets möglichen Wiedergeburt, den innersten Ort des Subjekts. Dabei ist er in erster Linie ein doppelter: Träger des Lebens und Träger des Todes.

Es gibt toxische Geheimnisse und andere, die Quelle des Lebens sind. Es gehört zum Geheimnis des Geheimen, dass es ein Gift oder ein Schatz sein kann. Manchmal ist es einzig die Zeit, die das Gift zu einem Schatz macht. Wie wir gesehen haben, ist jedes Geheimnis im Werden, es *ist* Werden. Viel zu oft sieht man es als eine Sache an und vergisst, dass es eine Handlung (des Zurückhaltens, der Trennung, des Verschweigens oder der Bekanntmachung) und eine Macht ist.

Ein Geheimnis ist eine Signatur seines Hüters. Es kann ihm nicht abgerungen werden, ohne dass er dadurch verändert würde. Doch vielleicht muss man noch weiter gehen und diese Veränderung selbst als unvermeidlich bezeichnen.

Im Mythos von Perseus enthauptet der mit dem Schild der Athene bewehrte und mit den geflügelten Sandalen des Hermes ausgestattete Held die Medusa. Aus der offenen Wunde quellen zwei Ströme: der eine ist tödliches Gift, der andere ein Elixier der Unsterblichkeit. Eine giftige Waffe und ein Heilmittel, genau wie das doppelte Wesen des Geheimnisses. Es kann eine langsame oder abrupte Zerstörung bewirken und die schlimmsten Ausflüsse hervortreten lassen oder aber einen unermesslichen Schatz offenbaren, einen Zufluchtsort für das Leben und sein Vermögen zur Regeneration.

Manchmal sind Geheimnisse wie sich nach und nach entwickelnde Erreger: Familiengeheimnisse oder Kriegslügen, gekappte, vertuschte Nachkommenschaften, die über Generationen hinweg tödliche Furchen ziehen, bevor sie ans Licht gebracht werden oder von neuem hervortreten. Das gleiche Geheimnis kann dem Leben dienen oder dem Tod. Das Geheimnis ist dem Trauma so nah wie der Lust. Es verweist auf versteckte Besitztümer, heimliche Verhaltensweisen oder eine verborgene Natur. Seiner fundamentalen Ambivalenz wegen ist es gefährlich, mit ihm umzugehen, es auszusprechen. Das ist wohl auch der Grund, warum keine Macht ohne es auskommt – und auch kein Liebesleben. Es unterhält ein Verhältnis sowohl mit der Wahrheit wie mit der Lüge, ohne im einen wie im anderen aufzugehen.

Entstehungen

Man wird mit einem mehr oder weniger starken Gefühl der Fremdheit der Welt gegenüber geboren. Man könnte meinen, dass jede Zärtlichkeit der Mutter dem Kind diese Angst ein wenig mehr nimmt und dass sie auf diese Weise fortfährt, es auf die Welt zu bringen, dass jedes Wort, jede gesungene Silbe, jedes Anstoßen der Wiege das Gewicht dieser Fremdheit mindert und das Kind in einem sehr archaischen und vitalen Sinn ein Stück weit mehr in die Welt stellt. So wickelt sie das Neugeborene in eine vertraute Hülle, in einen anderen Körper aus Resonanzen, die vielleicht die ersten Zeichen sind, die übermittelt werden und die helfen, die unbekannte Sprache der Welt, ihren unerklärlichen Klang zu entziffern. Donald Winnicott hat von einem *safe space* gesprochen, um diesen Raum der Sicherheit zwischen Vorstellung und Realität zu bezeichnen. Die ersten Gedanken, die ein Kind nicht äußert, die ersten Handlungen, die es verheimlicht, die ersten Vorstellungen, die es nicht mitteilt, sind entscheidende Wegmarken seiner Individuation. In seinem Konfrontiertsein mit der Welt erlauben sie ihm, eine erste Reserve dessen aufzubauen, was es bei sich behalten und was es vor den »totalisierenden« Blicken der Mutter und ihrem Gefolge beschützen wird. Sie sind der Schatz, den es bewacht und der nur dem anvertraut wird, der ihn zu empfangen weiß.

Wenn dem, was während der ersten Lebensjahre passiert, eine so große Beachtung zukommt, dann nicht nur, weil in ihnen die Anfänge der sinnlichen, affektiven, psychischen

Eindrücke liegen, die dem Menschen widerfahren sind und die ihn fortan beeinflussen, sondern auch, weil im Traum, in der Fehlleistung, in den Affekten die Zeit der Kindheit mit den jüngsten Ereignissen zusammenfällt. Keine Kindheitserinnerung taucht einfach »wieder« auf, eine jede ist immer schon da, eingekapselt, aber lebendig. Das anfängliche Trauma der Psyche koexistiert mit dem, was aktuell passiert.

Es ist der Körper selbst, der es bis in die letzten Faltungen hinein aufbewahrt, in einer unbekannten Erinnerung, die durch eine unwillkürliche Berührung, eine jähe Bewegung aus Schreck, Lust oder Trauer wiedererwachen kann. Wenn man die Untertöne der unbewussten Sprache zu deuten weiß, finden sich die Beweise dafür überall. Auf einer gewissen Ebene der Existenz, auf einer gewissen Ebene dessen, was Jacques Lacan paradoxerweise das »Reale« genannt hat, fallen die verschiedenen Momente der Zeit in eins. Um diese in uns gleichpräsenten, aber zweifellos hermetisch abgetrennten Zeiten zu durchqueren, braucht es einen Fährmann. Jemanden, dessen Zuhören nicht bloß besänftigt, sondern der es riskiert, sich mit diesem Außerzeitlichen zu verbinden (von dem man nicht sagen kann, dass es mehr dem Anfang als dem Ende zugehört), in dem das Chaos der Triebe dahinströmt. In den letzten Texten Antonin Artauds, aus jener Zeit, da er den Boden unter den Füßen verliert und in ein Delirium verfällt, finden sich großartige Vorahnungen dieser Bewegung.

Erste Geschichte

Ein befreundeter Psychoanalytiker hat mir einmal eine Geschichte erzählt, die ich nun meinerseits erzähle, indem ich – wie es sich gehört – die Personen zum Wohle aller – wie man so schön sagt – unkenntlich mache, sie also verheimliche.

Wutentbrannt kommt sie in die Praxis, wütend, dass sie zu spät kommt, denn sie hat sich in der Adresse getäuscht. Vor Zorn zittert sie am ganzen Leib. Sie läßt sich über die Praxis des Analytikers aus, die orientalische Ästhetik, den verstaubten Luxus. Für sie geht das alles überhaupt nicht.
– Ich bin in einem Gefängnis, jeden einzelnen Tag. Im Gefängnis.
Der Psychoanalytiker hat sich vorgenommen, ruhig zu bleiben. Er erträgt die Aggression, spürt die Verzweiflung. Sie würde am liebsten alles in Stücke schlagen. Er bietet ihr den Sessel an.
– Und was machen Sie im Gefängnis?
– Ich gebe den Insassinnen einen Kurs in öffentlichem Recht.
Er zieht das Schweigen ein bisschen in die Länge.
– Was wissen Sie denn schon?, ereifert sich die Frau. Nichts. Sie, in Ihrem Luxus, mit ihren wohlfeilen Ansichten.
Er nimmt sich ein Päckchen Zigaretten und fragt, ob es sie störe, wenn er rauche. Er merkt, wie sie auf der Kippe ist. Sie zuckt mit den Schultern. »Ist mir scheißegal.« Sie mustert ihn mit messerscharfem Blick.
– Zwischen acht und sechzehn war ich auf vier Internaten, ich flog von allen. Unerträglich. Na, sagt Ihnen das zu? Das ist doch Freud, wie er im Buche steht? Ich habe mich dann mit dieser Gefängnissache selbst wieder eingebuchtet. Und dabei kann ich

die Frauen ja nicht mal befreien … Ich weiß nicht mal, ob ich ihnen was Gutes tue. Sie wollen mich wohl gar nicht fragen, warum ich zu Ihnen gekommen bin? Perfektes Beispiel für ein Pariser Totenhaus, so was von selbstzufrieden.
Nun fühlt sich der Psychoanalytiker wirklich angegangen. Er weiß nicht, wie er darauf reagieren soll, wie er vermeiden kann, ihr in die Falle zu gehen. Wieder versucht er es versöhnlich. Er fragt:
– Warum sind Sie im Gefängnis?
– Das habe ich Ihnen doch gesagt. Sie hören ja noch nicht mal zu. Ich unterrichte diese armen Mädchen in Literatur. Emma Bovary, Anna Karenina und all die anderen Schlampen, die sich aus Liebe die Kugel gegeben haben, als ob das ein Grund wäre. Manche können nicht richtig lesen und schreiben. Andere dagegen sind intergalaktische Raketen.
Er hört ihr zu, für einen Moment erkennt er in ihr eine andere, leidenschaftliche, fast heitere Frau. Doch das währt nur einen Augenblick.
– Warum sind Sie im Gefängnis?, fragt er erneut. Jetzt sagt sie nichts mehr, schaut ihn sprachlos an. Ihm ist klar: Wenn er so weitermacht, kommt sie nicht mehr zu ihm. Er muss aufpassen, dass er sie nicht verliert. Ganz kurz durchzuckt ihn Panik.
– Sie sind bekloppt! Ich bin an einen Bekloppten geraten!
Sie steht auf, wühlt in ihrer Tasche. Er sagt:
– Bitte setzen Sie sich wieder, nur einen Augenblick. Wir haben ja noch gar nicht zu reden begonnen. Bitte entschuldigen Sie, wenn Sie meine Frage gekränkt hat, aber Sie sind zu mir gekommen, weil Sie leiden, nicht wahr?
Erneut schaut sie ihn mit diesem Blick eines in die Enge getriebenen Tieres an.
Sie zögert und setzt sich wieder, ihre Tasche fest an sich gepresst.
– Ich weiß nicht. Es ist mein Zuhause.
Er will ihr helfen, aber er kann nicht. Die Trostlosigkeit währt schon zu lange, sie ist wie eingekapselt. Seit Generationen vielleicht.

– Ich möchte Ihnen etwas sagen. (Sie stockt, wie atemlos.) Ich hatte ein Kind, das ich nach der Geburt weggegeben habe. In die Obhut des Staates. Ich weiß nicht mehr, wo es ist, nicht einmal seinen Namen kenne ich. Das ist so Gesetz. Es gibt keinen Tag in meinem Leben, an dem ich es nicht bereue. Ich hatte nicht die Kraft dazu. Der Typ hat mich genommen und dann weggeworfen. Ich wollte mich rächen und habe nie an das Kind gedacht, nie, bis ich realisierte, dass es nun fast fünfzehn sein muss. Sonst habe ich keine Kinder. Die Gefängnisinsassinnen sind von ihren Kindern getrennt, sie kommen in die Besuchszimmer, wenn auch nicht alle. Ihre Stimme ist nur noch ein Hauch:
– Werden Sie mir helfen?
Nun würde er gerne nein sagen. Doch sie rührt ihn. In seiner eigenen Geschichte ist das Gefängnis etwas, das er nicht vergessen kann. Sein spanischer Großvater wurde von Francos Leuten eingesperrt, sein Vater saß wegen Schwarzhandels mit Medikamenten ein, und er, Psychiater und Psychoanalytiker, lebt in Freiheit und weigert sich, Medikamente zu verschreiben. Jedenfalls erzählt man sich das. Nie hat er seinen Vater im Gefängnis besucht.
– Einverstanden, antwortet er.

Einige Monate lang scheint es, als sei sie ruhiger geworden, er aber weiß, dass es schlimmer wird. Stille Wasser... Es ist eher eine Art Stupor, der sich ihrer bemächtigt hat und aus dem sie nicht herauskann. Sie konfrontiert ihn mit albernen, wiedergekäuten Gedanken, als ob gerade darüber nicht schon genug nachgedacht worden sei. Eines Morgens schleudert sie ihm entgegen:
– Nun werden Sie mir wieder erzählen, das Gefängnis sei in mir, nicht wahr? Dass ich gegen die Wände meiner eigenen Zelle anrenne, weil ich dort unterrichte? Man hat mir eine andere Arbeit angeboten, na sieh an. Eine befreundete Anwältin hat mir erzählt, dass bei der Alliance française in Puducherry eine Französischlehrerin gesucht wird. In Indien, ja. Ich habe keine Kinder,

bin Single, und Sie verstehen auch gar nichts, warum eigentlich? Und wieder hatte er sich nicht gerührt. Der ständige Test, dem sie ihn unterzog, ermüdete ihn. Aber es gab auch leichtere Momente. Sie sprach gerne von Büchern wie von echten Freunden, die einfach da waren, ohne dass man Angst haben musste, betrogen oder vergessen zu werden. Die Figuren begannen, die Praxis zu bevölkern wie Bekannte, die man im Vorbeigehen grüßt. Er hatte, seit sie zu ihm kam und sicherlich wegen ihr, dank ihr, begonnen, seinen Vater im Gefängnis zu besuchen. Ein seltsamer Entschluss, zu dem sie ihn unwissentlich gebracht hatte. Die unbeschreibliche Hässlichkeit des Ortes machte ihn ganz niedergeschlagen, und er hatte sich Vorwürfe wegen seines bislang eifrig gepflegten Ästhetizismus gemacht. Im Grunde hatte sie nicht unrecht, wie konnte er von seiner abgeschirmten Praxis aus etwas über Gefängnisse wissen?

Und dann, eines Abends, sie war verspätet und mehr aufgelöst als wütend zu ihm gekommen, da hatte sie ihm gesagt, dass sie schwanger war. Von einem Häftling, den sie kennengelernt hatte. Ein kleiner Drogendealer, kein Schwerverbrecher, der in einem Monat entlassen würde. Das kam aber nun doch sehr plötzlich. Sie machte keinen glücklichen Eindruck. Das hatte ihn erschüttert. Mehr denn je machte sie auf ihn den Eindruck einer Kriegerin, die ohne jeden Rückhalt in größtem Leichtsinn in Richtung Front marschiert.

Sie brachte einen Sohn zur Welt, den sie – nach ihrem Großvater – Sammy taufte. Sie ging und kam wieder. Und da kam auf einmal das Geheimnis ins Spiel. Ein Geheimnis, dessen Musik so leise war, dass es – viel hätte nicht gefehlt – beinahe ungehört geblieben wäre.

Es war sehr kalt, am Vorabend hatte es geschneit. Ihr Kind war nun ein Jahr alt.

– Ich habe von Ihnen geträumt, sagt sie fast heiter. Sie waren mit mir im Gefängnis.

Er hielt inne, er wusste: Das war wichtig.
– Sie haben mich gezwungen, Sammy in einem Müllwagen zurückzulassen. Es war schrecklich. Und schließlich sagte sie:
– Auch ich bin ein weggegebenes Kind, das ist mir im Gefängnis aufgegangen. Niemand hat mir das je gesagt, aber ich wusste es, nachdem Sie wie verrückt auf der Frage herumritten, wieso ich im Gefängnis sei. Ich wuchs in einer großbürgerlichen Familie auf, deren »guter Geschmack« mich fast ebenso anwidert wie Ihrer. Als Kind wollte ich unsichtbar werden. Ich sollte besser meine Klappe halten, schließlich hatte ich doch ein Mordsglück, gerettet worden zu sein! Es gab da einen Onkel, der abends kam und mir Englischstunden gab… und den ganzen Rest. Er machte mir weis, er liebe mich, und ich glaubte ihm. Ich war nicht zu trösten, als er schon mit vierzig nach einem Herzinfarkt starb. Meine Eltern hielten mir vor, ich könne auch als Scheuerlappen durchgehen, so sehr würde ich flennen, nicht auszuhalten sei das. Vor kurzem habe ich herauszufinden versucht, ob es eine Adoptionsurkunde gibt. Und mein erstes Kind… Sie weint. Wenn Sie mir nicht von Ihrem Vater im Gefängnis erzählt hätten, hätte ich nie den Mut aufgebracht, zu überprüfen, was ich bereits wusste. Das Gefängnis bietet Sicherheit, verstehen Sie? Die Leute lügen nicht, sie machen sich nichts vor, sie haben nichts zu verlieren.
Es ist ein total exklusiver Ort, ein Schonraum, weil dort alles schon verloren ist. Mein Geheimnis ist eine verkorkste Liebe, unerträglich, und doch eine Liebesgeschichte. So habe ich das erlebt, davon komme ich nicht los. Er ist tot, und basta. Was aber meinen Sohn angeht, so will ich nicht, dass Sie ihn mit einem Müllwagen abtransportieren lassen. Er heißt Sammy, wie der Onkel, den ich heute hasse.
Auf einmal ist ihre Stimme wie erloschen. Kein Ton mehr.
– Ich hätte gerne, dass Sie Sammy einen anderen Namen geben. Ich kann die nötigen Schritte einleiten.
– Eine Art Adoption also?

– So in etwa, ja. Nennen Sie es, wie Sie wollen.
Die Komantschen fielen ihm ein, bei denen es ein vom Clan ausgewählter Fremder ist, der dem Kind – manchmal erst einige Wochen nach dessen Geburt – einen Namen zu dessen Schutz und als Talisman gibt.
– Sie können ihn doch anders nennen, nur für sich.
– Ich bitte Sie…
– Johannes? Ich bin zwar Atheist, aber ich muss an die Stelle in der Offenbarung denken, wo der Engel sagt: »Siehe, ich stehe vor der Tür und klopfe an«, als seien am Ende wir es, die ihm nicht öffnen können und nicht er, der uns der Abwesenheit, der Leere unterstellt.
Sie lächelt:
– Der Lieblingsjünger von Jesus? Ja, mir wäre eine Figur wie Joseph Conrads Jim lieber, aber ich verstehe schon, das ist gut.

Sammy bekam einen anderen Namen. Nach vier Jahren schließlich akzeptierten die Zivilstandsbeamten die Änderung des Vornamens. Johannes wurde Geigenbauer, oder vielmehr Instrumentendoktor, wie seine Mutter gerne sagte.

Das Geheimnis ist etwas Seltsames. Was es von der Wut oder der Zerstörung zurückbehält, kann zu einer Stütze, einem Steg, einem Beistand werden. Wenn es geteilt wird, verblasst es und verliert seinen schwarzen Glanz, der ihm seinen Zauber verleiht. Die Gefängnisse in dieser Geschichte entsprechen einander. Während sie ihren »stillen« Raum tauschen, geht das Leben draußen weiter. Adoptiert zu werden ist nur dann ein Drama, wenn das Kind zu einem Objekt wird, das man sich kauft, um es in aller Abgeschiedenheit für sich, in der Familie auszukosten. Als Gefangener einer Schuld denen gegenüber, die es zu sich nehmen, um als Retter gelten zu können, ist es dem Kind schließlich lieber zu glauben, die inzestuösen, von den Eltern gedeckten Spiele des Onkels, dem sie es zugeführt haben, seien »Liebe«. So ging sie also ins Gefängnis, ihr Los zu beglaubigen. Als Frau dann gibt sie ihr erstes Kind, dem man ein solch übles Hineingeborensein angetan hat, weg. Das zweite lebt um den Preis, dem Müllwagen entronnen zu sein, mit einem anderen Namen, der ihn vom Inzest befreit.

Jedes Geheimnis trägt ein Potential an Gewalt in sich. Wie sich davon befreien, ohne dabei mit in die Luft zu fliegen? Die Psychoanalyse geht von einem Bezirk des Begehrens aus, der dem Leben selbst zugrunde liegt. Zu fassen zu bekommen, was sich entzieht, sich dazu zu bringen, ein »Negativ« zum Vorschein zu bringen, das es zu entwickeln gilt: Das ist die Position eines Patienten sich selbst gegenüber, wenn er sich auf die Suche nach einer unbekannten Wahrheit begibt. Sich dem Verleugneten zu stellen ist kein Zuckerschlecken.

Oft bringt man lieber irgendein Alibi vor, damit das Bewusstsein sich für seine uneingestandenen Neigungen entschuldigen kann. Denn stets schleichen wir um das Unbenennbare.

III

Sein und Haben

Letztes Geheimnis

Wir werden zu einem ganz bestimmten Zeitpunkt geboren, doch wann wir sterben werden, das wissen wir nicht. Nichts, weder die vereinten Anstrengungen von Wissenschaft und Technik noch heilige Rituale, Beschwörungen, Glaubenssätze oder wer weiß wie ausgefeilte Statistiken, konnten bis zum heutigen Tag dieses Geheimnis lüften oder sich ihm auch nur annähern.

Das Geheimnis vom Zeitpunkt des Todes – der alle Lebewesen betrifft – hat in der menschlichen Seele einen Ort der Reflexion gefunden, aber auch und mit der gleichen Leidenschaft einen Ort der Verdrängung. Es scheint, als würden bestimmte Tiere kurz vor dem besagten Zeitpunk einen nur ihnen bekannten Ort aufsuchen, um dort ihr Leben zu beenden. Sie haben offenbar eine Vorahnung, während der Mensch sich nur sorgt.

Das Geheimnis unseres Todes verbirgt sich. Es entzieht sich uns. Es wird uns eben nie gehören. Niemand kann es an sich reißen, es hüten, ausplaudern, geschweige denn verletzen. Vielleicht aber behütet es uns... vielleicht leitet es unsere Sprache, während wir auf die Stunde warten. Eine Sprache, die ohne dieses unvorhersehbare Rendezvous mit dem Tod keinen Deut mehr Sinn hätte als die von der roten Königin veranstaltete verrückte Partie Krocket oder der Ungeburtstag, den der Hutmacher in Lewis Carolls verkehrter Welt hinter den Spiegeln unbedingt feiern will.

Dieses »letzte« Geheimnis ist eng mit einem anderen verbunden: dem unseres Körpers. Sterblich sind wir, weil wir einen Körper haben. Das ist nichts Neues. Jahrhundertelang haben die Metaphysiker sich darüber die Köpfe zerbrochen. Doch dass die Frage nach dem Geheimen, das etymologisch mit dem Heiligen, dem Schwur, dem Opfer zusammenhängt, etwas mit einem Körper im Angesicht seines Todes zu tun hat, sollte uns beschäftigen.

Unser Körper besteht aus Zellen, die ihm vorgängig sind und von denen einige bis zum letzten Atemzug überleben. Diese lebende Gesamtheit löst sich unaufhörlich auf: Hunderttausende Neuronen sterben jeden Tag, fortwährend zersetzen sich Blutkörperchen, und Zellen bilden sich neu… wir befinden uns in ständigem »Umbau«. Und genau da, versteckt im Gewebe unseres Leibes, liegt das Geheimnis unseres Todes. Wir glauben an etwas, haben Wünsche, Ängste, Hoffnungen. Die Metamorphose unseres Körpers, ob sichtbar oder unsichtbar, erscheint seltsam angesichts der Kontinuität des Ichs, das von der Kindheit bis ins hohe Alter »ich« sagt und denkt, als handele es sich stets um die gleiche, unveränderliche Person. Und doch schützt uns diese Farce, die auch eine Falle ist. Für Nietzsche, der sich mit den Schlichen des Bewusstseins wohl noch besser auskannte als Freud, ist das Ich eine grammatikalische Illusion.

Eingesperrte Körper

Das Geheimnis beginnt mit dem Körper, genauer vielleicht, mit der Lust. Lust und Trauma sind die beiden Extreme im Leben eines Menschen, die sich als solche nicht enthüllen lassen. Was wird aus einer Gesellschaft, die aus dem Körper einen bloßen Besitz macht – Funktionen, Organe, Programme – und aus dem Leben eine Krankheit, die man behandeln muss? Der Körper ist heilig, selbst wenn alles dafür getan wird, um ihn zu einem Objekt zu machen, das man medikamentös behandelt. Hemmungslos wird er benutzt, verrechnet. Einen Körper haben, nicht einer sein: Ein derartiges Verschwindenlassen, ein solcher Taschenspielertrick macht den Körper zu einer Habe, einem Besitz, dessen sich jeder mit Gewalt bedienen kann.

Wir sind aus Andersheiten gemacht. Unser Körper kommt aus einem anderen Körper, unsere Psyche bildet sich ausgehend von einer anderen Psyche, und geboren werden wir aus einer Trennung, denn einst waren wir zu zweit. Es ist dieses Rätsel, das uns vor die ungeheure, einsame Aufgabe stellt, zu entdecken, was es heißt, ganz allein zu existieren. Und zugleich ist dieser Körper das Archiv anderer Körper, anderer Erinnerungen. Das Gedächtnis einer noch intimeren Andersheit, als es unsere Erinnnerung ist. Ein Körper, der sich langsam in eine Einzigartigkeit, ein Denken, ein Wissen verwandelt – in einen Eros. Mit diesem Übergang vom Sein zum Haben untersteht unser Körper allein dem, was wir besitzen oder nicht besitzen. Also wird man diesen Körper zum Sprechen bringen, seine Sprache, die er hütet und die ihn hütet, offenlegen, wird man geständig machen.

Das hat gedauert, Jahrhunderte. Und da sind wir nun.

Ohne Körper existieren wir nicht. Doch was wissen wir über ihn? Fast alles entzieht sich uns, trotz der Fortschritte der Medizin, die eifrig daran arbeitet, ihn zu entziffern, zu sequenzieren, genetisch zu erforschen und, indem sie alles Mögliche enträtselt, seine Zukunft vorauszusagen. Und doch ist er die Quelle unserer Gefühle, denen wir noch immer schutzlos ausgesetzt sind und die unser ganzes »Sein« einnehmen. Und doch birgt das Gehirn, über dessen verblüffende Plastizität wir noch wenig wissen, enorme, unentdeckte Weiten. Und doch überrascht uns das Gedächtnis noch immer mit seiner Fähigkeit zu rekonstruieren und zu vergessen, ohne dass man genau wüsste, wie das funktioniert. Und doch entzieht sich uns der Tod noch immer. Um ihn endlich auszumerzen, stellt ihm die Wissenschaft bis in die kleinste Zelle nach. Alles ein verrückter Traum? Die Pharmaindustrie jedenfalls stellt dafür immense Mittel bereit. Vielleicht besteht jedes Geheimnis aus einer Verbindung von Körper und Tod, aus ihrer stillen und komplizenhaften Verstrickung.

Eros und Thanatos machen gemeinsame Sache. Dem Erzgeheimis der Stunde unseres Todes entspricht jenes des Eros. Sein Geheimnis erstreckt sich über unser ganzes Liebesleben, von der Scham aus Kindestagen bis zu obszönen Ausschweifungen. Mit seiner unendlichen Macht fordert es den Tod heraus.

Wir sind die Kinder einer *camera obscena*. Wie wilde Kinder, die Tiere aufschneiden, um ihr Herz schlagen zu sehen, lieben wir, um uns nur umso besser den Bauch aufschlitzen zu können. Was von der Kindheit an aus jeder denkbaren Szene verdrängt wird, ist nur zum Preis der Scham zu haben. Sie verwahrt die Erzählung einer bereits vollzogenen Auslöschung, über die seither das Schweigen herrscht. Die Scham ist Ort der Lust wie des Ekels. Wie sie aber anerkennen, ohne auszuleuchten, was uns in unserem tiefen Inneren erregt und das wir vor uns selbst verbergen? Die Scham kann nicht ohne Gewalt ausgetrieben werden, eine Gewalt, die verdeckt, auf welche Weise sich das Verlangen mit frühesten Neigungen, vergänglichen Wunschbildern, mit einer melancholischen Prägung verbunden hat. In der Scham entzieht man sich seiner selbst und geht der Erinnerung dessen aus dem Weg, was einen ausgelöscht hat. Die Vernichtung bildet eine innere Grundierung, die die Kindheit befällt und ihre Fähigkeit zum Staunen und Vergessen, zum Überraschtsein und Wundern, aber auch die Neigung zur Unruhe und zu verworrenen Wünschen, zu Wildheit und Wut. Die Scham versperrt dem Denken seinen Weg, sie zersetzt es von innen her. Das Subjekt kann sie enthüllen, ihr Geheimnis aber erstickt es.

Unser Körper ist zuallererst sexuiert. Meist liegt das Geheimnis in den verborgenen Winkeln des Sexuellen, dort, wo Scham, Lust, Unruhe, Erinnerung und Phantasma miteinander in Berührung treten. Wie der Körper, der man ist und den man hat, kann auch das in ihm ruhende Geheimnis verletzt werden. Es ist der Quell unses Schaffens, unserer Schutzmechanismen, unserer Obsessionen. Die liberale Gesellschaft, deren Ziel es ist, alle Gegenstände zum Zwecke von Produktion und Konsum verfügbar zu machen, macht aus dem Körper nur ein weiteres Produkt unter vielen, und aus seinen Organen Mittel des Genusses, des Ersatzes und der Verbesserung. Das Geheimnis des Körpers zu verteidigen heißt, seiner Idealisierung zu widerstehen, eben keinen reinen Besitz aus ihm zu machen, dessen »Kapital« angeblich nicht »vergeudet« werden darf. Es heißt, den Körper als einen Tempel zu betrachten.

Erotik

Die Erotik ist das Alphabet des Genießens, ein System aus Symbolen, Akten und Sublimierungen. Im »Gebrauch der Lüste«, wie Foucault sagen würde, und in der Befragung seiner Begierden entdeckt der Mensch sich nach und nach selbst. Wer die Lüste eines Menschen kennt, der kommt seinem Geheimnis sehr nahe, der verfügt über die Macht, ihn zu beglücken oder zu verwunden.

Die Nacktheit bedarf eines Schleiers, das Obszöne duldet keinen. Die Erotik öffnet auf ein Sinnliches jenseits allen Besitztums. Die Nackheit beschützt nichts, weder bedeckt noch versteckt sie etwas, und doch ist sie ein Geheimnis. Vielleicht macht sie gar den Kern allen Geheimnisses aus. Die Nackheit stellt aus, was sie beschützt. In der Schamhaftigkeit sucht das Subjekt Schutz vor den entfremdenden und besitzergreifenden Blicken des anderen. Sie offenbart und beschützt einen beständigen Glutkern.

Manchmal ist das Geheimnis eine leere Hülle, um dem anderen zu gefallen. Man modelliert ein Mysterium. Als erotische Taktik bewahrt die Verführung das, was mich den anderen begehren lässt – seinen Anteil am Schatten. Sie macht mich begehrenswert. Die Weigerung gegenüber der stillschweigenden Verpflichtung, einander »alles zu sagen«, ist ein seit dem Mittelalter dem Ritter in seinem heiligen Kampf zugewiesener Akt des Widerstands. Der Orgasmus ist ein zentrales Geheimnis. Der Gipfel der Lust, an dem wir zugleich außer uns und ganz bei uns sind, übt fundamentale Anziehungskraft auf uns aus und zugleich macht er uns Angst. Angst, ihn nicht zu erreichen, Angst, sich darin preiszugeben. Angst vor einem erneut sich regenden Begehren, das er weckt, Angst, in einer leidenschaftlichen Abhängigkeit den Boden unter den Füßen zu verlieren, Angst vor einem gewissen Schweigen und der Fähigkeit bei sich zu sein, die die Lust paradoxerweise freisetzt: mystische Rose, brennendes Herz. Es geht darum, das Überschreiten einer Grenze zu denken, die mehr oder weniger bewusste Transgression eines neu interpretierten, erneut überschrittenen Verbots im fleischlichen, sinnlichen Rausch.

Fragonards Gemälde *Les Curieuses*: Zwei Frauen schauen in unsere Richtung, ihr Blick wirkt indiskret. Worin besteht das Geheimnis und was gibt es zu enthüllen? Um welche Neugier geht es hier? Was führt die beiden Frauen zusammen, die ihre heimlichen Blicke auf ein Schauspiel werfen? Was ist das für eine Szene, was macht sie zu Komplizinnen? Geht es um Lust? Bei Liebesbegegnungen weiß man nie genau, wo der andere ist. Seine Gedanken und Phantasien entgehen uns, während wir ihn umarmen, nie wird er uns ganz gehören. Alles über den anderen wissen zu wollen ist eine Krankheit, die zum langsamen Tod dessen führt, was man meisten beschützen will. Ohne Phantasma ist keine Liebe von Dauer.

Das phantasmatische Leben ist das geheime Leben des Imaginären. Es potenziert das wirkliche mittels eines anderen Lebens, das unausgesprochen bleibt, kaum in Andeutungen existiert und nur höchst selten geteilt wird. Und doch wurden die Phantasmen noch nie derart umsorgt, auf allen materiellen und imaginären Schirmen in vergleichbarer Weise ausgestrahlt, gespiegelt und vermehrt wie in unserer heutigen Zeit. Was sagen uns die Phantasmen über das Alter einer Kultur? Was ist der kollektive Anteil eines Phantasmas, das einem Individuum Schutz und Unterhalt bietet? Man opfert es auf allen Kanälen seinen Surrogaten. Der von einer globalisierten Ökonomie geforderte Nivellierungsprozess greift auch das Imaginäre an, denn genau dort nimmt die Arbeit der Freiheit ihren Ausgang. Das Phantasma ist eine Sprache des Begehrens. Und genau deshalb ist sie streng geheim. Unter kombiniertem Einsatz von Erotik, Verbot und Überschreitung aktiviert sie alle Register des Bewusstseins. Sie pflegt das Heimliche, das heißt die Scham, nur um umso stärker aufzulodern. Was die Phantasmen auf dem privaten Schirm des Bewusstseins um der Erregung und nicht selten um des Schreckens willen aufführen, geht bis an den Rand des Vorstellbaren. Phantasmen sind nicht einfach Träumereien, sondern organisierte Triebe auf Bahnen, die nur das Subjekt kennt. Überschreitung und Lustempfindung hängen zusammen. Insofern wir sexuierte Wesen sind, bietet uns unser phantasmatisches Innenleben mit all seinen Spielarten der Lust die Möglichkeit des Aufstiegs zum Mysterium.

Zweite Geschichte

Er hört Stimmen. Das erzählt er jedenfalls seiner Analytikerin, seit er zu ihr in die lichtdurchflutete Praxis kommt, wo sich zwei Sessel gegenüberstehen.

– Sie verstehen mich nicht. Es ist nicht so, wie man gemeinhin denkt. Mir flüstert niemand ein, ich solle ein Messer nehmen und meine Schwiegermutter abstechen. Sowas wäre mir lieber… Aber so ist es nicht.

Die Psychoanalytikerin weiß nicht, ob sie lächeln oder sich Sorgen machen soll. Was sie vernimmt, ist vor allem eine große Verwirrung.

– Sagen Sie mir doch bitte, ob das was Ernstes ist oder nur eine kurze hysterische Episode. Die Stimme ist überhaupt nicht so, wie man es sich vorstellt, fügt er eilends hinzu. Ich deliriere nicht.

Er hebt den Kopf.

– Glauben Sie mir?

– Mit was würden Sie diese Stimme oder diese Stimmen vergleichen?

– Zunächst ist es ein Murmeln, das sich vom eigenen unterscheidet. Erst achtet man nicht darauf, es ist so leise wie fließendes Wasser oder der Wind, aber die Stimme nistet sich in die Gedanken ein und geht nicht mehr weg. Man lässt sie gewähren, und wie eine Schwester oder eine Freundin hilft sie einem aus der Klemme, sie wird zur besten Gefährtin. Und dann, eines Tages, bemerken Sie, dass sie beginnt, einen Moment vor Ihnen zu sprechen, dass sie Ihnen raffiniert und freundlich das Wort abschneidet, dass sie sich vor Ihre Gedanken und Handlungen

schiebt, dass sie überall ist. Dann verschlägt es Ihnen die Stimme, versagt Ihnen das Denken.
Und Sie haben kein Geheimnis mehr.
Die Analytikerin schweigt.
– Das ist das Schlimmste. Sie wüssten, wovon ich rede, wenn sie von Ihnen Besitz ergriffen hätte, so wie es bei mir gewesen ist: nach und nach und unter fortwährendem, einschläferndem Geflüster.
– Wie es bei Ihnen gewesen ist? *Es ist also vorbei?*
– Ja, ich bin sie losgeworden. Fast wäre ich dabei draufgegangen, hätte beinahe meinen Verstand verloren. Ein Wahnsinnskampf. Ich hätte einfach so krepieren können. Mir ist klar, dass Sie das nicht verstehen können.
Er greift sich mit beiden Händen an den Kopf.
– Was sagte diese Stimme denn so?
Sie gibt sich Mühe, die Vergangenheit zu betonen.
– Das ist doch egal, sie sagt irgendwas…
– Nicht unbedingt… sie scheint sich doch Gehör zu verschaffen. Wie Sie.
Der Patient steht auf.
– Aber nein! Kommen Sie mir nicht damit. Ich habe mich ganz allein aus diesem Irrsinn befreit, ich würde nur gerne die Sicherheit haben, dass es nicht wieder anfängt.
– Dass es sich wie bei einer Neurose wiederholt, meinen Sie? Man kreist um eine Szene, deren Hintergründe einem verborgen bleiben, und man will zu ihr zurück, um sie verstehen und lösen zu können. Diese von Ihnen als verrückt bezeichnete Stimme ist vielleicht ganz nahe an Ihren Wünschen, an Ihrer Befreiung.
– An meinen Wünschen? Dieses Gefluche? Dieser krankhafte Unsinn, der klingt wie von einer Kleinmädchenstimme geflüstert?
– Wer ist dieses Mädchen?
Schneidende Stille.

– Ich habe eine Zwillingsschwester. Sie wurde vom Zug überrollt, zusammen mit meinem Vater. Das ist die offizielle Geschichte. Die Wahrheit ist: Er hat sich vor den Zug geworfen. Kaum jemand spricht von der ansteckenden Seuche Selbstmord, mich betrifft das ganz brutal. Diese Stimme, von der ich Ihnen erzählt habe, heulte nicht, sie war kein Phantom, sie besaß eine tödliche Verführungskraft.
Sitzung beendet, Geheimnis gelüftet?

Einige Monate später erleidet der Patient, dem eine Kinderstimme Todeswünsche einflüstert, einen depressiven Rückfall. Obschon er dem Wahn der Stimme verfällt, berichtet er von sehr verständlichen Dingen, von einer mumifizierten Vergangenheit, von ihm selbst als »Mutantin« bezeichnet. Nachdem er den Schrecken monatelang unter Kontrolle hatte, musste er zulassen, dass sie sich ihm erneut näherte. Ohne dass er Furcht vor ihr empfunden hätte, hatte sich das von der Stimme getragene Leid immer mehr ausgebreitet, sodass es sich nach und nach in seine Trostlosigkeit eingenistet hatte.
Sich der Trostlosigkeit hinzugeben heißt nicht, ihr einen Platz zuzuweisen oder keine Angst mehr vor ihr zu haben, es bedeutet, sich von ihr überwältigen zu lassen, sich in ihr einzurichten, ohne zu wissen, wo das enden soll. Es braucht viel Mut. Doch nur so kann plötzlich eine Wendung eintreten. Von diesem Rand her, dem Geheimsten dieser Trostlosigkeit, der von Tod und Schicksalsschlag umwehten Stimme eines Kindes, dessen Tod sich keiner der Lebenden zur Last legen muss, kann die Freude zurückkehren. Nicht weil sie eine »Rettung« sein könnte oder die Trostlosigkeit fortnähme, sondern weil sie aus dem gleichen Stoff gewebt ist, weil sie die gleiche Herkunft hat, weil sie genau dort, im Herz der Finsternis, ihre Anerkennung findet, wird es auch genau dort zu einer Wendung kommen.

Ob Trauma oder nicht, nicht immer liegt die Wahrheit eines Menschen in seinem Geheimnis. Seine Verheimlichung ist lediglich ein Effekt des Verdrängten, das sich zur Zensur gesellt. Das Geheimnis hat seine eigene Zeitlichkeit, es ist ein Wahrheitsbezug, wie Heidegger sagen würde, und nicht die Wahrheit selbst. Es ist, wie in Poes Erzählung *Der entwendete Brief*, dazu bestimmt, den argwöhnischen, aber blinden Blicken jener, die es suchen, unsichtbar zu bleiben. Es ist der Brief (oder der Buchstabe) des Begehrens, der sich nicht in der Konfrontation mit dem Realen erschöpft.

Das Geheime als Prozess des Lebens ist ein Moment des Enthüllens, ein ständiges Werden. Von einer Metamorphose ergriffen, die einen Gedankenprozess an die Oberfläche bringt, unterliegt es selbst der Metamorphose. Wie ein im Sand vergrabener Kiesel kommt noch das am tiefsten verschüttete Trauma eines Tages an die Oberfläche. Es besitzt einen unwiderstehlichen Drang, sich zu enthüllen. Man sagt »ein Geheimnis für sich behalten«, doch nichts hat mehr Macht über die Wahrung eines Geheimnisses als seine eigene Intensität, das heißt die Art und Weise, mit der es am Leben gehalten wird. Mit welcherart Intensität ist es verbunden? Ein Geheimnis, bei dem es um Leben und Tod geht, zum Beispiel im Zweiten Weltkrieg, vermag über Generationen weitergegeben werden, zwar in veränderter Form, doch ohne etwas von seiner Tödlichkeit einzubüßen.

Sind die Geheimnisse von Freuds Patientien andere als die der heutigen? Sind die Geständnisse die gleichen? Unterliegen die Menschen den Obsessionen ihrer Zeit? Allzu häufig ist die Rede davon, dass es heute des Mangels ermangelt. Das bedeutet nichts. Eine schwere Krankheit, Seelenleid, Angst: Es scheint, als müsse jeder Einzelne stets und ständig performen. Nie war die Sorge um das eigene Wohlbefinden größer als heute. In der einen oder anderen Form läuft es immer auf den Imperativ hinaus, man solle um sich selbst sorgen. Und dem Folge zu leisten heißt, das eigene »Recht auf Glücklichsein« ebenso einzufordern wie das Recht auf Freiheit oder auf Gleichheit. Doch welche gesellschaftliche Toleranz wird jenen zuteil, die weder den entsprechenden Codes noch den Normen Folge leisten? Einst operierte die Zensur frontal. Bis zur Schwelle des 20. Jahrhunderts richtete sie sich gegen eine als gefährlich eingestufte individuelle Freiheit. Man kontrollierte die Menschen mit diversen Mitteln und gemäß klar aufgestellter Regeln. Die Anordnungen haben sich vor unseren Augen einmal im Kreis gedreht, doch die Wirkung der Zensur ist die gleiche geblieben. Die normativen Anforderungen wuchern immer mehr: Sei glücklich, sei achtsam, meditiere... perverse Regeln, die direkt das Über-Ich als den Zensor ansprechen, der innere Freiheit gewährleisten soll. Als würde man seinen Gefängniswärter fragen, wie man am besten ausbrechen kann.

Um jemanden, der aufgrund seiner mangelnder Leistung »deprimiert« ist, wieder auf Spur zu bringen, gibt es nichts Besseres als eine positive Weisung. Es genügt, daran zu glauben, doch manchmal ist der Schritt einfach zu schwer. Unsere Psychiatrien, die keine Zuflucht mehr bieten, sind voller Verstummter, die sich selbst aufgegeben haben. Unsere Städte sind voll von diesen lebenden Toten, Zombies, die den Glauben daran verloren haben, mit anderen ließe sich irgendetwas Wahres teilen.

Ist das der Analytikerin mitgeteilte Geheimnis sakrosankt? Was bedeutet es, »alles zu sagen«, wie Freud fordert? Kann man dem überhaupt Glauben schenken? » Sagen Sie einfach, was Ihnen durch den Kopf weg, zensieren sie sich nicht ...« Welche Ironie! Was für ein seltsames Glaubensbekenntnis der Freud'schen Psychoanalyse, ob man es den Patienten gleich von Beginn an sagt oder auch nicht. Was für ein widersprüchlicher Befehl, um sich als Empfänger anarchischer Gedanken und versteckter, vom Begehren geknüpfter Verbindungen anzubieten. Man muss also »alles sagen« können und in spontaner Rede für das Ohr der Psychoanalytikerin einen Signifikantenstrang hervorbringen. Aber was ist das denn für eine Sicht auf das Geistige? Keine noch so vollständige, laut geäußerte Rede wird je alles über einen Menschen aussagen. Man wendet sich an die Psychoanalytikerin mit einem ganzen Haufen an wohlausgearbeiteten, eigens angepassten Filtern. Manchmal führen ein paar heikle Sprünge dazu, dass die Zwangsjacke abfällt. Es braucht feiner Fühler, um sie zu erfassen, es bedarf einer Wesensaufmerksamkeit.

Und was geschieht, wenn die psychoanalytische Forderung, »alles zu sagen« von der sozialen Norm abgelöst wird, als deren Gegenmodell zu Freuds Zeiten sie doch gerade entstand? Die Psychoanalyse konfrontierte das verschwiegene Wiener Großbürgertum mit ihren Grabungsarbeiten. Heute sieht sich der psychoanalytische Eid zunehmend bedroht, denn angesichts des »potentiellen Unruheherds«, den ein Individuum sich selbst und anderen gegenüber darstellen kann, unterliegt sie einer Meldepflicht... und es hat mit Strafe zu rechnen, wer nicht rechtzeitig auf einen suizidgefährdeten oder gemeingefährlichen Patienten hingewiesen hat. Das Problem ist erst ein statistisches, dann ein juristisches. Wie beim medizinischen oder genetischen Fortschritt geht es darum, Rückfall-, Kosten- und Effizienzrisiken abzuschätzen. Schon jetzt schicken die Schulen von der Norm abweichende Kinder zu ihnen genehmen Psychiatern, um jene wieder auf den rechten Pfad des Lernens zurückzuführen.

Ein Geheimnis für sich zu behalten erfordert eine gewisse Wesensstärke. Es ist einfacher, es bei einem anderen abzuladen… sich unverzüglich von ihm zu befreien und seiner zu entledigen. Etwas »für sich zu behalten« erfordert psychisches Rückgrat; zudem muss man berücksichtigen, inwieweit der oder die andere überhaupt fähig ist, damit umzugehen. Wie viele Kinder haben sich nicht schon einmal »vergewaltigt« gefühlt, weil ein allzu leichtfertiger Vertrauensbruch etwas über sie verraten hat?

Manchmal wird ein Geheimnis durch das gedankenlose Gerede von Dummköpfen verbreitet, denen jegliches Verständnis abgeht. Das Geheimnis einer verheimlichten Nachkommenschaft etwa kann einen psychischen Zusammenbruch auslösen, wenn es in der Familie von niemandem akzeptiert wird. Es ist nicht einfach nur die Lüge, die durch Unterlassung oder aktives Handeln die Beziehung zu sich selbst und zu anderen zersetzt. Auch das Zurechtbiegen der Wahrheit, um sich den gesellschaftlichen Konventionen anzupassen, die üblichen Perversionen, mit denen jedes Wort in sein Gegenteil verkehrt wird und die den Einzelnen sogar dahin bringen, den eigenen Empfindungen zu misstrauen, haben ihren Anteil daran. Man schuldet die Wahrheit zuallererst sich selbst. Es gibt keine Rechenschaftspflicht oder Schuld dem anderen gegenüber – das bleibt unverstanden in der Neurose, weil die von ihr produzierte Ökonomie eben auf Schuldgefühlen basiert.

Dritte Geschichte

Die Frage der Intensität ist entscheidend, denn sie schert sich um keine Moral. Erfahrungen gehen mit einer gewissen Intensität einher, egal ob es sich um verletzende oder faszinierende, niederschmetternde oder erhebende Erfahrungen handelt. Und genau hier kommt der von Freud beschriebene »Todestrieb« ins Spiel. Man kann sagen, dass seine Wirkung darin besteht, insgeheim die Schwelle des Erträglichen abzusenken und mittels rekurrenter Schemata die Wiederholung einzuführen. Dem steht ein durch und durch lebendiger Körper entgegen, ein dem Realen ebenso wie sich selbst gegenwärtiger Körper. Doch auf welche Gefahr hin? Und was offenbart sich dabei?

Die Zeit der kolumbianischen Violencia, als politische Massaker ganze Ortschaften ausradierten, ist in der Geschichte des Landes gleichsam ein schwarzes Loch. Fast jeden Monat entdeckte man neue Massengräber, die man sogleich wieder vergaß. In Bogotá war die Analytikerin auf die Arbeit einer Anthropologin gestoßen, die ihr ihr Archiv zugänglich machte. Die Bilder verstümmelter, zerstückelter und wieder zusammengesetzter Leichen hatten sie zutiefst verstört. Man hatte ihr die Codes dieser obszönen Sprache des Todes erläutert, die Haltung der Hände, die Position der Eingeweide, die Schnittwunden an den Leichen. Die Anthropologin war überzeugt, dass sich die Gewalt über ein unsichtbares Band aus Schwüren fortpflanzte, das Mütter und Töchter verband und das einzig sie dem Opfergedenken unterstellte. Die Männer, die Söhne hingegen waren dazu bestimmt, einer mörderischen

»Geste« nachzukommen, die sie der Jungfrau Maria empfahl. Das Ritual der Leichenzerstückelung scheint in der Erzählung die Funktion zu haben, mit dem Schrecken des Unaussprechlichen fertig werden zu können.

Eines Tages lud die Anthropologin sie ein, sie bei der Arbeit zu begleiten. Die Frau, die sie besuchten, war in Cali geboren. Sie hatte wegen ihrer Aktivitäten in der Guerilla im Gefängnis gesessen, war dann amnestiert worden und arbeitete nun in einer psychiatrischen Anstalt. Man nannte sie Die Chalka, doch sie selbst hörte nicht auf diesen Namen. Sie trat uns mit der Selbstsicherheit einer Königin entgegen, streng und finster, aufrechten Hauptes. Ihr unsteter Blick schien losgelöst von allem. Die Psychoanalytikerin fühlte sich unwohl. Ein betäubender Äthergeruch hing im Raum: Abfälle, gebrauchte Wundverbände, Neonlicht. Dann und wann konnte man Ärzte hören, die Anweisungen brüllten, das Quietschen von Rollwagen, das sinistre Lachen der Alten. Fast unhörbar hatte sie zu sprechen begonnen. Es war, als würde ein Bann aufgehoben, bei dem die Wörter zunächst keinen anderen Sinn hatten, als erste Schritte in Richtung des anderen zu ermöglichen, eine unmögliche Distanz zu überwinden. Die Chalka hatte nicht einmal Zuflucht im ideologischen Diskurs jener Jahre gesucht, einem derart abgenutzten Marxismus, dass ohnehin kaum mehr etwas davon übrig war. Sie machte sich keinerlei Illusionen, vor allem nicht, was Gerechtigkeit anging. Nach und nach hatte sich die Analytikerin ihrer Kindheit angenähert, sie nach den Umständen ihrer Geburt befragt. Als es um ihre Zwillingsschwester ging, deren Tod mit fünf Jahren, verlassen im Straßengraben, sie unmittelbar miterlebt hatte, hatte sich die Stimme der Chalka das erste Mal verändert. Sie sagte ihr, dass sie Rache für ihre Schwester geschworen habe. Ein Schwur, der gegen das Gesetz verstieß, wonach es der Mann sein muss, der der Frau die Rache darbringt, die wiederum nicht zulassen darf, dass man vergisst. Nun griff sie selbst zu den Waffen, verstümmelte sich wegen einer

möglichen Schwangerschaft selbst, und zog in den Kampf.
– Und du hast also jemanden getötet, sagte die Pychoanalytikerin ganz einfach.
Die andere antwortete: »Nein«, und schließlich: »Ja«.
Das Opfer war eine Frau, die des Verrats bezichtigt wurde. Sie hatte lediglich darum gebeten, dass man die Leiche in Ruhe lassen solle. Das genau waren ihre Worte: »in Ruhe lassen«.
Ruhig wie das Kind in der Gosse neben ihr, hatte sie gedacht. Ohne den Blick von ihr abzuwenden sagte sie:
– Als ich sie tot gesehen habe, packte mich das Entsetzen.
Ich hätte gewollt… ich glaube…
– Dass die anderen sie »bearbeiteten«?, unterbrach die Analytikerin sie.
»Bearbeiten« war der Ausdruck für das Ritual des Leichenzerstückelns. Sie hatte eingewilligt.
Als sie die leblose Frau da am Straßenrand sah, ergriff sie der Schrecken. Als ob die Leichen, wenn man sie verstümmelte, an einen unvordenklichen, vom Reich der Lebenden abgeschnittenen Ort verbracht würden, während sie, wenn man sie unangetastet ließ, in die menschliche Gemeinschaft zurückkehrten und ihr das Unrecht ihres Verbrechens heimzahlen könnten. Indem sie ihren Schwur einlöste, das Kind zu rächen, begab sie sich jenseits des Rechts. In ihren Augen war das noch schlimmer als die Tötung – und der Grund, warum sie sich in diesem Dreckloch von Klinik verschanzte. Der Schwur hatte erneut eine Lebende verschlungen: Antigone, dem Gedenken an eine verstoßene Schwester verpflichtet. Versehrte Antigone, ohne Schuldige und ohne Götter.
Warum erinnerte sie sich an die Aufrichtigkeit dieser verhärmten, erbarmungslosen Frau, die ihr wie eine Wiedergängerin unverändert vor Augen stand? Das Gedächtnis sorgt für Wiederholungen, das Vergessen jedoch nicht minder, um den Akt des Tötens ins Gewand des Rituals, der Beschwörung, des Relisiösen kleiden zu können. Angesichts des nackten Grauens der direkt vor ihr

liegenden Leiche stand dem Schwur und dem Ehrenwort plötzlich der Abgrund des Sinnlosen oder aber eines Zuviel an Sinn gegenüber. Schon zehn Jahre putzte sie nun in dieser Anstalt. Im Weggehen sagte sie noch:
– Eine Stille hier drin wie in 'nem Leichenhaus. Kommt bloß nicht wieder!

Diese Frau trug keinen Namen, man hatte ihr nie einen gegeben. Man nannte sie nach ihrem Dorf, aus dem sie stammte und dessen einzige Überlebende sie war. Das Unbenennbare ist nie weit. Es ist jener finstere, im Namen eines Schwurs entzogene Anteil Menschlichkeit, den kein Wort der Liebe jemals einlösen wird.

Worte zeigen eine Distanz an, als ob Zeugnis abzulegen im Grunde unmöglich ist, weil alles noch Ausstehende im Dunklen bleibt, außerhalb der Sprache, wie eine lebendige Erinnerung. Weil der Tod der anderen nicht durch Worte besänftigt werden kann... Das Geheimnis, das das Unbenennbare überzieht, kann nur durch das gesprochene Wort gelüftet werden, und mehr noch, nur durch ein Wort, das als ein Akt des Lebens weder etwas rechtfertigt noch zu begreifen versucht, sondern allein bezeugt.

IV

Transparenz und Wahrheit

Verletzungen

Was geschieht, wenn eine Kultur beschließt, dass jedes Geheimnis eine Gefahr für die Sicherheit gewisser Personen oder die Gesellschaft im Ganzen darstellt? Wenn anstelle des persönlichen Gewissens ein immenses Arsenal an Orwell'schen Techniken zur gegenseitigen Überwachung eingeführt und durchgesetzt wird? Wenn die Demokratie sich dafür ausspricht, sämtliche Regierungsgeschäfte für alle offen zugänglich zu machen?

Das Individuum, wie es in den Profilen der sozialen Medien erscheint, hat keine »andere Seite«. Vorausgesetzt wird, dass es sich jeder Änderung der Spielregeln in Echtzeit anpasst und dass sein Verhalten grundsätzlich vorhersehbar ist. Diese Hyperanpassungsfähigkeit ist eine unerlässliche Bedingung seines Überlebens. Das Wenige an Widerstand, das der Frustration vorbehalten bleibt, verhält sich umgekehrt proportional zu seiner Gier als Konsument.

Einerseits ist da die von der »Konsumgesellschaft« verlangte Transparenz, die sich durch immer mehr (reale oder imaginäre) Kameras, digitale Fingerabdrücke, und einem Grundrauschen aus Bekenntnissen, privaten Erlebnissen herstellt – andererseits aber vervielfachen sich in eben dieser Gesellschaft zugleich auch die Codierungen, die eingeschränkten Zugangsmöglichkeiten und vorenthaltenen Fakten. Aber sind das damit auch Geheimnisse? Nein, das sind alles Taschenspielertricks.

Das Ende der Monarchien und das Aufkommen der Demokratie haben zu einer sukzessiven Etablierung der Transparenzregel geführt, die uns heute als die verlässlichste Garantie gegen Korruption erscheint, von der man weiß, welchen Gebrauch sie in ihren schlimmsten Auswüchsen vom Geheimnis macht. Und doch schafft die Politik gerade im Namen der Transparenz immer neue Bereiche des Undurchsichtigen.

Die Demokratie überträgt die Macht gewählten Volksvertretern. Um die an sie delegierte Macht unvoreingenommen ausüben zu können, dürfen die Gewählten nichts zu verbergen haben. Dabei weiß eigentlich jeder, dass eine transparente Politik unmöglich ist, weil die Macht zu ihrer Ausübung das Geheimnis pflegt. Wie aber kann man nicht alles wissen wollen, ohne zynischen Verzicht auf die Forderung nach allen zugänglicher Information zu leisten, ohne sich zum Komplizen einer allgemeinen Blindheit zu machen, ohne eine Mitschuld am Unrecht zu tragen?

Nehmen wir nur den Kampf von Julian Assange und Wikileaks gegen die Umtriebe ausländischer Mächte und ihrer Geheimdienste, nehmen wir das Wettrennen der Hacker-Community gegen Filtertechniken und Firewalls, das Informantenwesen im Bereich Steuerflucht: Allerorten begegnet man diesem Verlangen, alles zu wissen, was uns potentiell entzogen bleibt und den Bürgern unrechtmäßig vorenthalten wird, damit andere davon profitieren. Die jüngsten Enthüllungen über die von den Banken organisierte Steuerhinterziehung zeigen nichts anderes, als dass die globalisierte Gesellschaft nur funktionieren kann, wenn die Spielregeln fortwährend von eben jenen gebrochen werden, die sie aufgestellt haben. Das Recht auf Information geht einher mit dem Misstrauen gegenüber einen durch Profitlogik angetriebenen Lauf der Dinge. Eine immer krimineller werdende Ökonomie mitsamt mafiösem Schweigekodex lässt an den Fähigkeiten der politischen Institutionen zweifeln,

die heimliche Funktionsweise des Wirtschaftslebens zu regulieren.
Das Problem der Wahrheit wird obsolet. Die einzige noch sinnvolle Frage ist, ob die Individuen »tatsächlich« mit den Normen übereinstimmen, die das öffentliche Leben beherrschen. Zuweilen kommt dem Verbrechen, ein Geheimnis zu »haben«, mehr Gewicht zu als dem Inhalt dieses Geheimnisses. Schließlich muss es aufgrund der herrschenden Regeln des »Zusammenlebens« ein Ende haben mit geschlossenen Räumen, mit unserer Intimität, unseren Briefen und unserem Rückzug ins Private. Gefordert ist ein von allen Komplexen befreites Subjekt, dessen Wünsche sich im panoptischen Raum des Sozialen entfalten. Weil infolge einer solchen Disziplinierung ohnehin alle konform sind, erübrigt es sich, stets jeden Einzelnen im Blick zu behalten oder auf den Leib zu rücken. Verfehlungen und Geständnisse sind an der Tagesordnung. Während die Technologie immer invasiver wird und immer mehr zur Schau stellt, wird der Raum des Öffentlichen global. Sensoren und statistische Arsenale interpretieren unsere Gefühle und Gedanken besser, als wir selbst es je könnten, die wir aller unnützen und lästigen Entscheidungen entledigt und von ihnen befreit sind.

Das Geheimnis ist weder Code noch Filter, auch wenn beides zu ihm gehören kann. Allzu leicht verwechselt man die Panzertür mit dem hinter ihr Verschlossenen. Vielmehr verhält es sich genau umgekehrt, denn ontologisch ist das, was geschützt wird, weder einnehm- noch entschlüsselbar.

Anders als man annehmen möchte, unterliegt die Produktion des digitalen Geheimnisses, die grenzenlose Herstellung von Sperrcodes, der Entropie eines permanenten Löschens. Jeder Code wird irgendwann entschlüsselt, jedes Sperr- und Abwehrsystem von einer neuen, leistungsfähigeren Technik überholt. Jedes Geheimnis ist seiner Enthüllung geweiht, zu ihr kehrt es zurück.

Denn man muss davon ausgehen, dass das Geheimnis zu seiner Verteidigung andere Wege nimmt als jene, die einer Kultur des Eigenen entgegenstehen. Die Identifikation mit dem Verborgengehaltenen vermittelt das Gefühl, im Belagerungszustand zu sein. Das Subjekt wird so zu einem Bollwerk. Man setzt den anderen mit dem gleich, was er für sich behält. Jean-Claude Romand[1] etwa schloss sich in den Kerker eines unmöglichen Geständnisses ein, denn ein solches hätte in seinen Augen sein ganzes Leben ausgelöscht. Was er selbst als seinen Schutz ansah, richtete ihn nach und nach zugrunde. Zuletzt war er gar dazu getrieben, seine Familie vor der unabwendbaren Aufdeckung zu »schützen« – wenn auch zum Preis eines Verbrechens.

---

1 Gemeint ist der Mitte der 1990er-Jahre in Frankreich bekannt gewordene Fall eines Hochstaplers, der sich als Arzt ausgab und seine Familie tötete, als sein Betrug aufzufliegen drohte. (A.d.Ü.)

Verheimlichen, Verschleiern, Verbergen

Dass jedes Geheimnis ein potentiell Verheimlichtes und also eine Lüge ist und nicht etwa ein geschützter »Garten«, in dem das Leben gedeiht, ist unsere neue staatsbürgerliche Ideologie. Die Absichten der Individuen des Gesellschaftskörpers bis ins Detail zu kennen, um künftigen Normabweichungen oder Verstößen vorzubeugen oder um die Radikalisierung seiner Bürger zu antizipieren (schließlich kann jeder zum Terroristen werden!), das ist ein Phantasma, das die heutigen Demokraten in eine merkwürdige Nähe zu den Vertretern revolutionärer Schreckensherrschaft rückt. Aus deren Sicht nämlich gab es keine größere Gefahr als die, dass im »Volk« unentwegt etwas verheimlicht wird, dass Individuen, die man zuvor als mustergültig angesehen hatte, etwas zu verheimlichen haben.

Der Verdacht ist eine von den eigenen Obsessionen genährte Hydra. Er bringt genau das hervor, verleiht genau dem Gestalt und Macht, was er am meisten fürchtet. Jedes Geheimnis ist bereits eine Lüge: Das ist es, was die Gesellschaft des Geständnisses aufrechterhält. Wir leben nicht mehr in Zeiten der Zensur, heute wird alles andere durch Nachahmung erstickt. Nichts ist einem Geheimnis ähnlicher als das Verheimlichte, das das Wesen des Geheimnisses verkehrt. Ein Geheimnis hütet sich nicht von selbst, es wird gehütet. Die Verheimlichung dagegen hat keinen anderen Zweck, als Missbrauch, Lug und Trug unter der Decke zu halten. Sie gibt sich fortwährend als etwas anderes aus. Die Ideologie der Transparenz will aus dem Menschen einen perfekt funktionierenden Organismus machen. Nun gibt es kein Machtsystem, das nicht mit einem gewissen Anteil an Dunklem, Ungerechten, Negativen arbeitet. Der Gesellschaftskörper, der auf uns einwirkt und dem wir angehören, leistet dem Vorschub. Als Staatsbürger ein Teil von ihm zu sein, muss weder bedeuten, zwingend die zynische Haltung des Profiteurs, noch die des anarchistischen Gegners anzunehmen. Man kann sich auch schlicht weigern, ein Agent des Überwachungssystems zu sein. Das gesellschaftliche Primat der Sicherheit und die Anstachelung zur Denunziation gehen Hand in Hand. Das gepredigte Nullrisiko ist nur möglich, wenn alles Verheimlichte gegen jeden Widerstand aufgedeckt wird und wenn diese »Offenheit« aller allen gegenüber vollständig erreicht ist.

Ein mit sakrosankter Information einhergehendes politisches System, das sich der völligen Öffnung verschrieben hat, züchtet sich seine Informanten. Von daher auch die überaus widersprüchliche Stellung der Whistleblower. Dass in jeder Gesellschaft, jeder Organisation Wachsamkeit gegenüber Missbrauch und Verstößen geboten ist und dass gewisse Individuen es sich zu ihrer Aufgabe machen, Missstände und Gesetzesverstöße des jeweiligen Systems aufzudecken, gehört zu einer gesunden Freiheit. Dass aber ganze Bevölkerungen sich ermutigt sehen, es diesen gleich zu tun und sich der Denunziation hingeben, ist ein perverser Zwangseffekt. Es ist, wie wenn der Staat zu Demonstrationen aufruft. Der Widerstand ist von eben der Organisation unterwandert, die ihn überwacht.

Es geht nicht darum, jede Undurchsichtigkeit einfach hinzunehmen, sondern um die Weigerung, jedem Widerstand gegen die Idee transparenter Information in vorauseilendem Gehorsam nachzuspüren.

Überwachung

Durch wen oder was will man überwacht werden? Woher kommt nur dieses Bedürfnis, unbedingt gesehen zu werden? Warum soll man keine Geheimnisse haben wollen? Um vor sich selbst zu verbergen, dass man kein Leben zu führen vermag, das welche hervorbringt – ein freies Leben?

Und immer heißt es, es sei zu ihrem eigenen »Besten«, wenn man den Menschen auferlegt, so lesbar wie möglich zu sein. Hinter der Rede von der Gefahr einer Wiederkunft der alten Totalitarismen zeichnen sich bereits neue ab. Die freiwillige Transparenz dient der freiwillen Knechtschaft. Kein Staat kann seinen Bürgern heute absolute Sicherheit garantieren. Wie hoch auch immer der erreichte Grad an Überwachung ist, letztlich wird es einzig die menschliche Analyse sein, die den Unterschied macht. Entscheidend ist nicht das technische Arsenal, und sei es noch so ausgeklügelt, entscheidend ist, »wer« die Daten interpretiert. Transparenz ist nicht Wahrheit.

Die materialistische Gesellschaft hat kein anderes Ziel, als uns immer durchlässiger für die von ihr abgesonderten Bilder, für die von ihr fabrizierten und zersetzten Objekte, für jene Substanzen zu machen, die sie für die Produktion eines immer glatteren, aseptischeren, austauschbareren Individuums für unerlässlich hält. Das Geheimnis erfordert eine Auswahl, eine Wahl. Man wahrt es, und dieses »Wahren« ist keine Notwendigkeit, sondern ein Begehren. Die Individuen werden von gesellschaftlichen Regeln geprägt, die ihnen der Narzissmus auferlegt, sonst gelten sie als nicht normgerecht.

Als Schutz haben die Menschen nur noch diesen künstlichen Panzer, der beim erstbesten Schlag abfällt. Dann kommt die Depression hinzu, die jede Zukunftsaussicht entwertet. Und schließlich sieht man sich mit sogenannten Borderlinern konfrontiert, die extrem empfänglich sind für die Manipulation ihrer Emotionen und Sinneseindrücke, derer sie nicht Herr werden. Solche »Medusen«, haltlos dahintreibende, mit Tentakeln ausgetattete Wesen (denn sie müssen sich an irgendetwas oder irgendwem festhalten auf ihrem Weg) sind wir.

Anpassung

Anpassung – das ist es, was heute gefordert ist, schon von klein auf, in der Schule. Nun bremst das Innere die geforderte Anpassungsfähigkeit in dem Maße wie sie anderswo gründet. In ihrer geheimen Dimension verlangt sie, dass sich etwas diesem fortwährenden Fluss einer immer schnelleren Zirkulation der Waren und Informationen entzieht. Dieses »etwas« ist das Intime: Eros, Herz, Geist.

Das Maß einer erfolgreichen Anpassung ist die Geschwindigkeit, mit der sie vollzogen wird. Unter diesem Aspekt ist das Geheimnis ein unerträglicher Hemmschuh. Es sei denn, man entscheidet sich dafür, es zu instrumentalisieren, indem man kalkuliert, wie lange man es bewahrt, bevor man es bewusst verbreitet oder durchsickern lässt. Was dem sozialen Geschäft entzogen bleibt, bildet eine opake Zone, die sich dem eindringenden Informationsfluss verschließt. Für die allermeisten Menschen folgt daraus eine bloß noch imaginäre Teilnahme am Politischen, die sich mehr und mehr auf einen Voyeurismus beschränkt, auf eine Kulanz gegenüber der »guten Sache« und einen fortschreitenden Verzicht auf jede reale Einwirkung. Es sei denn, spontane Revolten und ziviler Ungehorsam brechen sich Bahn... bevor die Forderungen abermals vereinnahmt oder diskreditiert werden.

Jede Nichtanpassung wird als ein potentiell gefährliches »Abgehängtsein« begriffen, das einer beklagenswerten, weil der Gesamtheit, einer Gruppe, einem System abträglichen Absonderung Vorschub leisten kann. Lange hat man die

Nichtangepassten ausgeschlossen, nun leugnet man ihre Probleme.

Für den Facebook-Gründer Marc Zuckerberg ist das Privatleben eine »überkommene Gesellschaftsnorm«. In Wirklichkeit aber machen sich neue Mechanismen der Geheimnisproduktion breit, die nicht minder exklusive Kreise erzeugen, sodass ganz neue Kasten entstehen, deren vorzügliches Privileg die Diskretion ist.

Trugbilder

Manchmal erscheinen in der Wüste schemenhafte Gestalten, die aussehen, als würden sie von einem nicht vorhandenen Wind gebeugt, trügerische Luftspiegelungen. Geheimnis ist auch, was nicht existiert und doch den Anschein gibt. Man ist sich »sicher«, diese Gestalten gesehen zu haben, dabei sind sie nur Effekte der Hitze und der Landschaft: eine Fata Morgana. Seit Platon steht das Erscheinen und inwieweit es wirklich etwas mit der Wahrheit zu tun hat, im Zentrum des philosophischen Fragens. Wie sehr kann der menschliche Verstand getäuscht werden und was verführt ihn dazu, sich den tanzenden Bildern in der Höhle zuzuwenden und nicht ihrer eigentlichen Quelle?

Das Trugbild ist zuallererst eine Deutung. Man misst einem Bild einen Wahrheitsgehalt bei. Man nimmt eine als wahr erscheinende Meinung für die Sache selbst, und man gibt sich diesen virtuellen Spielen mit der Realität umso stärker hin, als es immer unmöglicher wird, das Wahre vom Falschen, das Gerücht von einem Faktum, das, was man mit seinen Augen sieht, von einem phantasmatischen Bild zu unterscheiden. Die GPS-Technik produziert eine Landschaft, in der wir uns flinker bewegen als in jedem »wirklichen« Raum. In vielen Ländern verschwinden die festgelegten Arbeitsplätze, man sucht sich mit seinem Computer wie in der Kantine einen Platz. Wie bei Schnecken, die ihr Haus auf ihrem Rücken tragen, bildet, wie Miguel Benasayag bemerkt hat, das Computer-Telefon-Tablet-Gefüge das Exoskelett des Menschen, der Raum, der einst der Innerlichtkeit vorbehalten war, unterscheidet sich kaum noch vom Außen.

In der Logik des Scheins begegnen wir zweierlei Kulturen, die sich vor dem Hintergrund der angeblich freien Zirkulation der Bilder und Waren diametral gegenüberstehen: die angelsächsisch-protestantische Kultur auf der einen und die katholisch-lateinische auf der anderen Seite. Der Zugang zum Göttlichen ist die unverrückbare Grenze zwischen ihnen. Die angelsächsische Kultur privilegiert eindeutig den direkten Zugang zum Heiligen und die Wiederherstellung der sogenannten »materiellen« Welt, durch die es hindurchzugehen gilt. Der Protestantismus fand so in der liquiden Welt des Geldes das exakte Äquivalent zum unmittelbar geistigen Weg, ein Weg, den Luther, wenn auch um einen hohen Preis an Menschenleben, mit Erfolg geebnet hatte. Damit gibt es keinen fürsprechenden Engel, keine trostspendende Jungfrau mehr, aber auch keinen Schutzschirm mehr gegen die Schuld. Man fällt also sehr direkt, alleine und ohne jeden Halt. Die große Messe der Transparenz, die den Sünder vor Gott zitiert, findet mit allen Formen der Sichtbarkeit ihre natürliche Fortsetzung in den sozialen Medien. Die Katholiken hingegen sperrten sich gegen übermäßige Strenge und hielten sich lieber an die Kurven und Schrägen des Barock und an das Gold des Klerus. Durch religiöse Gebote, Texte und Fortbestand versprechende Riten wurde die spirituelle Welt auf respektablen Abstand gehalten.

Leben heißt gesehen, gelesen werden, heißt schließlich zur Erscheinung kommen. In dieser Entwicklung werden der katholischen Kultur, mit all ihren Schleiern, barocken Zerstreuungen, Anamorphosen, Bettgeschichten, die schlimmsten Archaismen unterstellt.

Das, was im Beichtgeheimnis Distanz, Verschwiegenheit und Schutz gewährt, erscheint heute als gewunden, ja pervers. Es besteht der Verdacht, dass Prärogative und Missbrauchsfälle nur die Außenseite der mafiösen Strukturen der lateinisch-katholischen Kultur sind. Die schräge Linie ist aber nicht bloß eine Tangente, sie ist auch dynamisch. Sie zeigt eine Alternative an. Einen Ausweg.

Auf politischer Ebene sind die Mittel der Tarnung und Verdunkelung immer perfekter. Getarnt sind heute Aufklärungsflugzeuge, militärische Interventionen, Geiselnahmen und Positionen auf den Finanzmärkten, flüchtig sind SMS, Tweets und Signale. Was zählt, ist blitzschnelles Auftreten: Geschwindigkeit, Überraschung, Schlagkraft: Leben im Modus des Krieges.

Big Data, Geschwindigkeit, die Spirale

Big Data ist das neue Ding: Daten werden global gespeichert, unsere persönlichen Daten überall registriert, des Profits wegen und natürlich zu unserem Besten. Probabilitätsanalysen werden auf Basis unserer Konsumgewohnheiten erstellt. Das Leben des vernetzten Individuums hängt an Klickfrequenz und Datenrate: ein beschleunigtes Transparenzprogramm für jedermann, die Geständnisse derer, die einen Fehltritt begangen haben, inklusive. Das Leben unter der Herrschaft der Bildschirme, gesendet in Echtzeit, der Billigung aller Nutzer anheimgestellt. Und das immer schneller. Willkommen in einer Welt im Zeichen der Spirale. Man sehe sich noch einmal *Vertigo* an, darin ist alles enthalten: Abgrund, Schwindel, Sog des Ähnlichen.

Die Spirale strebt auf einen unbeweglichen Fluchtpunkt zu, eine Hintertür aus dem Sichtbaren hinaus ins Unsichtbare, einen »Katastrophenpunkt« (im mathematischen Wortsinn) innerhalb eines Kontinuitätsuniversums. Von hier aus zieht sich die barocke Schräge durch die vom zentralen Subjekt beherrschte Perspektive. Die abschüssige Bahn des Todes in den gebauschten Falten der Anamorphose. Besser als jede andere Bewegung beschreibt die Figur der Spirale unser Verhältnis zum Vergangenen, mehr noch, zum Trauma: zu etwas Verdecktem, Verheimlichtem also, das sich dennoch unausgesetzt offenbart: in einer wiederholten Aktualisierung im Jetzt, am gleichen Punkt auf der Achse, nur eine Stufe höher. Die Spirale reanimiert einen vergangenen Ausweichpunkt, sie lässt ihn erneut auftauchen und dient zugleich strukturell als Fluchtpunkt. Das Unheimliche ist gar nicht das, was wiederkehrt, sondern die Wiederkehr selbst, die einen Fremdheitseffekt im Alltäglichen erzeugt: die Wiederkehr des Gleichen als Verschiedenes.

Die Spirale ist die Figur, bei der wir uns auf der Suche nach flüchtigen, intensiven Bindungen, hilflos gegenüber dem Realen, uns dem Traum hingebend, uns anderen Erinnerungen und Gestaden anvertrauend, immer schneller um eine Achse drehen.

Archivierung

Es hat den Anschein, als müssten wir »zu unserem eigenen Besten« ständig von einer Last befreit werden, die uns das Leben schwer macht. Insbesondere gilt das für unser Gedächtnis. Die Archive unseres Privatlebens werden an irgendeinen unpersönlichen Ort verlagert. In Echtzeit zurückgeworfene, mittels Fotos und Ausrufezeichen kommentierte Emotionen *world wide*. Die allgemeine Infantilisierung der Individuen geschieht nur zu ihrem Wohle. Gleiches gilt für die Datenspeicherung und -verarbeitung. Mittels Big Data soll eine Situation, ein Leben oder ein Apparat vor einer potentiellen Katastrophe bewahrt werden. Keiner soll mehr verantwortlich sein für sein Gedächtnis; alles wird einem sichereren »Speicher« anvertraut, sicherer als man selbst es ist. Interessant ist, nebenbei bemerkt, mit welcher Geschwindigkeit sich Demenzsymptome in einer Gesellschaft verbreiten, die das Archiv als eine Last betrachtet, die man besser loswerden und anderen überlassen sollte.

Die Wissenschaft macht aus jedem Mysterium ein Rätsel, indem sie ihm ein Geheimnis unterstellt, das es zu enthüllen gilt. Ihr kommt heute eine Autorität zu, wie sie einst die Instanzen Philosophie oder Kirche innehatten.

Die Wissenschaft strebt nach einer Entschlüsselung des Menschen, des Planeten Erde und des Kosmos. Die Vorstellung von etwas Geheimem, von hermetischen Mysterien widerstrebt ihr, stets macht sie daraus zu lösende Rätsel. Nach Heidegger ist es in letzter Zeit vor allem Peter Sloterdijk, der die Folgen dieser wissenschaftlichen Gefräßigkeit auslotet. Man hat ihm vorgeworfen, die alten Geister der nationalsozialistischen Eugenik herbeizurufen (und zu rechtfertigen), weil er es gewagt hatte, die invasive und selektierende Genforschung nicht als eine Zukunft, sondern als etwas bereits Entschiedenes, fast schon hinter uns Liegendes, jedenfalls als etwas ganz und gar Heutiges zu bezeichnen, dem man nicht mit den Mitteln des Humanismus, d.h. in gutem Glauben, durch Moratorien und mit Ethikkommissionen begegnen kann, und dass die Dringlichkeit des Problems anders angegangen werden muss.

»Die perversen Auswüchse der Wissenschaft können nicht mit den Mitteln der Wissenschaft behoben werden«, schrieb der ebenso wahnsinnige wie geniale Antonin Artaud. Was ist das für ein tödliches Reinheitsideal, das über unseren Manipulationen am Erbgut steht? Wenn die Frage des Geheimnisses auf diesem Gebiet besonders virulent ist, so nicht nur, weil die Wissenschaft hier im Stillen operiert, sondern auch, weil die Mutationsprozesse den Zellen selbst entgehen.

Michel Foucault drückt das in seinem Seminar »Der Mut zur Wahrheit« sehr klar aus: *Parrhesia* bedeutet nicht einfach, alles zu sagen, es bedeutet, die Wahrheit zu sagen. Der *parrhesiastes* ist jemand, der die Wahrheit ausspricht, der sagt, was er wirklich denkt, doch vor allem ist er jemand, der sich an die Wahrheit bindet und sich also ihr und durch sie verpflichtet. Damit es *parrhesia* geben kann, bedarf es jemandem, der das Wagnis eingeht, eine, seine Meinung, sein Denken, sein Glauben kennzeichnende, Wahrheit auszusprechen. Wie kann man aber ein solches Wagnis eingehen, wenn man nicht mehr weiß, wo die Grenze zwischen richtig und falsch, virtuell und real, zwischen bestem Wissen und Gewissen und lügenhaftem Gerücht überhaupt verläuft? Das Wahre zu sagen erfordert heute von jedem Einzelnen eine immense, man könnte fast sagen kartesianische Wachsamkeit darüber, was ihm täglich verabreicht wird.

Das uns nahegelegte Abwälzen aller Verantwortung hat nicht nur das Gedächtnis, sondern die Zeit selbst als Ziel. Die nutzlose Zeit, die Zeit für sich selbst.

Geheimgesellschaften

Geheimgesellschaften hat es schon immer gegeben. Sie sind eines der Mittel, mit denen die Menschen geistiges Wissen an materielle Macht gebunden haben. Doch mit Beginn des 20. Jahrhunderts und im Zuge der technologischen Entwicklung mussten sie ihre Strategien modifizieren. Die heutigen Massenmedien, mit denen die Information ins Zentrum des politischen und gesellschaftlichen Systems gerückt ist, können sie nicht mehr öffentlich tolerieren. Geheimhaltung ist in der Demokratie nur noch erlaubt, wenn es den Interessen des Staates dient oder wenn es in Form der Schweigepflicht im Berufsethos verankert ist.

In kultureller Perspektive hat das Recht auf Information sich allerorten durchgesetzt. Nur hermetisch abschlossene Institutionen und Traditionsgemeinschaften halten noch heute hartnäckig an ihrer Politik der Verschwiegenheit fest. Manche von ihnen haben sich angepasst und nutzen ihren ebenso elaborierten wie oberflächlichen Gebrauch von Kommunikationmitteln für eine auf anderer Ebene umso perfektere Verschleierung ihrer Aktivitäten. In Eleusis verstand man unter »Mysterium« ein einigen wenigen vorbehaltenes Initiationswissen. Die Herrschaft über das Geheime ist eine der Schlüsselkompetenzen der Monarchie wie überhaupt jeder Tyrannei, und so ist es genau diese Gleichsetzung von Macht und Geheimnis, die als gewichtiges Argument für mehr Transparenz in den demokratischen Gesellschaften dient. Geheimgesellschaften wird zum einen der Vorwurf gemacht, sie würden das soziale Band auflösen, zum anderen möchte man aber nichts lieber als »dabei sein«. In dieser Diskrepanz äußert sich ein Paradox unserer Kultur. Es ist wie mit den VIP-Bereichen: Man kann sie nicht leiden, aber Zutritt haben möchte man doch. Allein dass man uns glauben macht, wir würden »dazugehören«, ist eine Täuschung. Ähnlich verhält es sich mit anderen Methoden, das Geheimnis für sich zu instrumentalisieren.

Aber wollen wir denn alles wissen? Wollen wir wirklich live im Fernsehen mitverfolgen, wie sich Differenzen zu Konflikten auswachsen? Wenn man keine geheimen, unter Ausschluss der Öffentlichkeit stattfindenden Verhandlungen mehr zulässt, riskiert man, dass Frieden unmöglich wird. Der Philosoph Jan Patočka hat das etwas anders ausgedrückt, als er davor warnte, dass wenn die Werte des »Tages« und des Friedens der »Nacht« kein Gastrecht mehr einräumten, diese für die Tyrannei zu arbeiten begännen. Frieden kann auch in einem vermiedenen oder überwundenden Krieg bestehen.

Im antiken Griechenland rühmte man die diaphane Weisheit der Orakel, welche die zu deutenden heiligen Wahrheiten zugleich enthüllten und versiegelten. In den Mysterienspielen verband sich das Geheime auf das Innigste mit der athenischen Demokratie. Die Ausübung von Macht bedurfte eindeutig des Opaken. Das geflügelte Wort: »Wer sich nicht auf Geheimhaltung versteht, kann nicht regieren«, wurde Gesetz. Die Politik der Könige besteht aus Komplotten, Mauscheleien und Paralleldiplomatie. Davon zeugt etwa das sogenannte »Secret du roi«, ein von Ludwig XV. installiertes schwarzes Kabinett. Man kommunizierte verrätselt, verschlüsselte Botschaften, hielt Geheimtreffen hinter verschlossenen Türen ab, versteckte Symbole in alchimistischen Traktaten, und niemand konnte etwas ausplaudern.

Im Gegensatz zu heute galt damals ein Zuviel an Transparenz als gefährlich.

Der Begriff »Esoterik« bedeutet »Zugang gewähren, hereinlassen, eintreten lassen«. Von Ritus zu Ritus erlaubt ein Ent- und Verschleiern neuer Symbole den Schülern einen schrittweisen Zugang zum Wissen. Das jedenfalls ist das Argument geschlossener Gesellschaften wie etwa der Armee oder der Freimaurer, in denen noch immer das anachronistische Gesetz des Schweigens gilt. Bei den Freimaurern ist das Geheimnis bereits wesentlicher Bestandteil ihres symbolischen Ursprunges. Der Baumeister des Königs Salomo wollte eher sterben, als den Verrätern sein »Passwort« preiszugeben, und auch die nach Weisheit strebenden Gesellenbrüder des Mittelalters pflegten eine Kultur des Geheimnisses.

Die Armee wiederum ist die »große Schweigerin«. Der sensible Charakter von Informationen über militärische Einsätze, aber auch die politische Neutralität, die man von Soldaten verlangt, erfordert die Klassifikation von Dokumenten als Militärgeheimnisse. Im Lauf der Jahrhunderte hat sich der Geheimhaltungsgrad im Zuge einer immer fortgeschritteneren Technologie bei der Produktion von Geheimsachen deutlich erhöht. In Frankreich ist es Angehörigen des Militärs bei Strafe verboten, öffentlich Kritik an diesem System zu äußern. Seit Beginn des 19. Jahrhunderts sind Angehörige der Armee gesetzlich dazu verpflichtet, vor der Publikation eines beliebigen Textes bei einem Vorgesetzten um Erlaubnis zu ersuchen. Eine Vielzahl geschäftlicher, politischer oder militärischer Geheimnisse wurden im Zuge der Affären um Julian Assange und Edward Snowden gelüftet.

Mafia und Geheimnis gehen Hand in Hand, nicht nur hinsichtlich ihrer Mitglieder, sondern auch in Bezug auf die, die sie von außen herauszufordern versuchen. Die Mafia operiert mittels okkulter Prinzipien und Gesetze. Roberto Saviano hat die ökonomischen und territorialen Logiken der neapolitanischen Camorra, die Art und Weise ihrer Geschäfte (Drogenhandel) und die Strukturen der organisierten Kriminalität sehr gut beschrieben. Unter dem Namen Mani Pulite hat die Justiz einst mit breit angelegten Operationen versucht, die von der Mafia durchsetzte italienische Politik zu säubern. Man griff sich die wichtigsten Mitglieder eines bestimmten Ablegers der Camorra, was allerdings die beiden Richter Falcone und Borsellino mit dem Leben bezahlten und es – in einem abgekarteten Spiel zwischen Macht und Verbrechen – einer anderen, nicht weniger fürchterlichen Mafia erlaubte, ihren Platz einzunehmen. Die vorgeblich angestrebte Transparenz ist nichts als süßliches Gepansche aus schönen Worten, reine Propaganda.

Das Geheimnis als Bündniskraft

In seinen Untersuchungen zu geheimen Gesellschaften hat der Soziologe Georg Simmel darauf hingewiesen, dass ein von mehreren Individuen geteiltes Geheimnis innerhalb der Gruppe wie ein Bindemittel wirkt. Als eine Handlung des »Verbergens von Wirklichkeiten« stellt das Geheimnis ein gemeinschaftsbildendes Element dar, es wird zu einer Bündniskraft. Man mag auf den ersten Blick das Fehlen von Kommunikation als Merkmal des Geheimnisses ansehen, doch zeigt sich jetzt, dass es – und sei es auch nur, weil es zum Stillschweigen über bestimmte Sachverhalte verpflichtet – einigend wirken kann. Das Geheimnis weist somit zwei Pole auf, einen trennenden und einen vereinigenden. Es strukturiert die Gesellschaft gemäß den Prinzipien von Einschluss und Ausschluss, indem es Barrieren zwischen denen errichtet, die Zugang zu einem Wissen haben, und anderen, denen der Zugang zu diesem Wissen verwehrt bleibt. Simmel hat aufgezeigt, wie Bedeutung und Wirkung einer Äußerung eines Indiviuums von seiner Stellung in einer Hierarchie abhängen. Die Geheimhaltung ist eine Handlung, in der etwas ganz Spezielles »segregiert«, also abgesondert wird: Blaubarts Kammer erstrahlt in Spiegeln und vervielfacht sich ins Unendliche. Zu seinen nicht geringsten Übeln gehört, dass das Geheimnis samt seinem Arsenal an rituellen, enteignenden, anklagenden, trennenden Eigenschaften mit allem Hierarchischen im Bund steht. Jede Geheimgesellschaft verfügt über einen noch geheimeren Hintergrund. Nach Simmel trägt jede Geheimgesellschaft einen auch für sie selbst geheimen Aktionsmodus in sich, der sich in Einflussnahme, Unterwanderung, Unterstellungen, Ausübung von Druck äußern kann. Durch eine untergründige Struktur wird der Gesellschaftsvertrag ausgehöhlt und von einer anderen, im Verborgenen agierenden Organisation ersetzt, die ihn schließlich zersetzt.

Geld hat viel mit Inzest gemein. Sein Verkehr muss nicht sichtbar sein, garantiert werden muss, dass es sich vermehrt und dass sein Gebrauch straffrei ist. Sodann gilt es, immer mehr Abschirmungen und Filter zu generieren... und sicherzustellen, dass die vorgebliche Transparenz breite Wahrnehmung findet. Also beseitigt man offiziell das sogenannte Bankgeheimnis mit all den Schwarzgeldkonten, doch nur um immer neue Offshore-Finanzplätze zu errichten, neue Ablenkungsmanöver, andere Steueroasen.

Die politisch motivierte Aufhebung von Geheimhaltungen dient der Politik, doch weder wird diese dadurch eingeschränkt noch gänzlich abgeschafft.

V

Eine Ethik des Geheimnisses

Panoptikum:

Bentham, Kant, Constant

In seinem berühmten Text »Panopticon, or, The Inspection-House« entwickelte Jeremy Bentham die Vorstellung eines Gefängnisses, das es dank seiner kreisförmigen Architektur erlaubt, »auf einen Blick zu erkennen, was in ihm vorgeht.« Bentham schrieb diesen Traktat im Jahr 1786. Als Vater des Utilitarismus verfocht er einen »maßvollen« Hedonismus, der sich den Vorstellungen des Rousseau'schen Gesellschaftsvertrags entgegenstellte. Der Jurist, Sozialreformer und Philosoph, der auch mit d'Alembert einen Austausch pflegte, inszeniert in seinem Text einen panoptischen Raum, der unseren schlimmsten Albträumen entsprungen sein könnte, einen Raum, wie ihn George Orwell später mit seinem totalitären Überwachungsapparat beschrieb. Eine solche Inszenierung der Transparenz ist zuallererst ein Phantasma totalitärer Kontrolle.

Natürlich zieht das Negative seine Macht aus eben jenen Kräften, die es einzudämmen versuchen. Mobiltelefone etwa machen den Anschein, sie dienten allein dem sprachlichen Austausch und maximaler Information, während ihre Kommunikationsleistung in krassem Missverhältnis zu der durch sie hervorgebrachten Verschleierung steht. Zudem werden sie unter Bedingungen hergestellt, die sich durch nichts von Sklaverei unterscheiden. Die Metalle und seltenen Erden, die zu ihrer Herstellung benötigt werden, stammen aus Minen, in denen tödliche Unfälle keine Ausnahme sind. Die Produktionsbedingungen dieser kleinen technologischen Schmuckstücke, die aus unserem Leben nicht mehr wegzudenken sind, sind erschreckend.

Doch soll man der Transparenz nun entkommen oder sich ihr ausliefern? Zwischen Immanuel Kant und Benjamin Constant entspann sich einmal eine berühmte Auseinandersetzung über die Lüge. Kant lehnte jegliche Heuchelei »kategorisch« ab, was auch immer die Folgen seien. Constants Kritik wandte sich gegen die These »eines deutschen Philosophen, der so weit geht zu behaupten, dass die Lüge gegen einen Mörder, der uns fragte, ob unser von ihm verfolgter Freund sich nicht in unser Haus geflüchtet, ein Verbrechen sein würde.« Constant wollte deutlich machen, dass ein moralisches Prinzip wie die Pflicht, die Wahrheit zu sagen, die Umstände in Betracht ziehen müsse. Kant erkannte sich darin wieder und antwortete Constant in einem Text mit dem Titel »Über ein vermeintes Recht aus Menschenliebe zu lügen«. Dort liest man: »Zuerst ist anzumerken, daß der Ausdruck: ein Recht auf die Wahrheit haben, ein Wort ohne Sinn ist. Man muß vielmehr sagen: der Mensch habe ein Recht auf seine eigene Wahrhaftigkeit (veracitas), [...] und, ob ich zwar dem, welcher mich ungerechter weise zur Aussage nötigt, nicht Unrecht tue, wenn ich sie verfälsche, so tue ich doch durch eine solche Verfälschung, die darum auch (obzwar nicht im Sinn des Juristen) Lüge genannt werden kann, im wesentlichsten Stücke der Pflicht überhaupt Unrecht [...]« Und er fügt hinzu: »Die Lüge [...] schadet jederzeit einem anderen [...], indem sie die Rechtsquelle unbrauchbar macht.«[2] Und die Lüge aus

—

2 Immanuel Kant, »Über ein vermeintes Recht aus Menschenliebe zu lügen«, in: *Werke in zwölf Bänden*, Frankfurt am Main 1977, S. 637.

Herzensgüte? Kant sieht auch darin etwas Kompromitierendes. Eine schwere Herabsetzung der Idee der Menschheit, nach der jeder Mensch streben muss, um sich als Subjekt verwirklichen zu können.[3]

Für Constant ist man seinen Gegnern keine Wahrheit schuldig. Verderbtheit müsse mit Verderbtheit beantwortet werden, ansonsten sei man erledigt. Es gebe Gefechte, bei denen die Lüge eine legitime Waffe und kein eigentlicher moralischer Fehler mehr sei, weil sie dem Guten diene. Aber man sieht, wie sehr man mit einer solchen Position ins Schlingern gerät... Der zweite Irakkrieg mit seiner »frommen« Lüge von Saddam Husseins angeblichen Massenvernichtungswaffen endete in einem katastrophalen Krieg. Eine solche Position kann also so weit gehen, jedwelches politisches Verbrechen zu decken. Ist es womöglich ebenso gefährlich, die moralischen Regeln den jeweiligen Umständen anzupassen, als wenn man sich als Zensor über das Gesetz stellt?

3 Sartre nimmt darauf Bezug in seiner Novelle *Die Mauer.*

Was sich nicht aneignen lässt

Sich jemanden aneignen bedeutet, in »sein« Geheimnis einzudringen und sich dieses Wissens zu bedienen, es mit aller Gewalt gegen die Person selbst in Einsatz zu bringen. Ein solches Geheimnis kann auch eine Stimmung sein, eine Farbe, ein Ort, ein Lebensstil. Die Art, wie man sich gibt, wie man liebt, was man liest, Lieblingsorte, Freunde. Ein solches Geheimnis wird nicht von der Person gehütet, vielmehr hütet es sie, es ist ihr Schutz. Es ist eine Tonalität, eine bestimmte Musik. Eine Signatur.

Man kann Kopien anfertigen, jemanden angreifen, belügen, verhindern, dass ein Mensch in seinem Geheimnis lebt. In das *Zimmer für sich allein*, das Virgina Woolf beschrieben hat, kann eingebrochen werden. Es gibt keinen absoluten Schutz, bis auf die innere Suche, die einen Menschen immer weiter von seinen Widersachern und denen, die ihn ausplündern wollen, entfernt.

Das Geheimnis unserer inneren Kammer ist dynamisch, es bildet keinen abgeschlossenen Innenraum. Es ist die Übersetzung einer Freiheit, die sich nicht aneignen lässt, sei es durch die Wissenschaft oder jede andere Form des Wissens. Ein Mensch, der sich in dieser Freiheit übt, lässt sich schwer manipulieren, denn er macht eine Erfahrung, die man »Selbstübung« nennen könnte. Er übt sich in seinem Denken, in der Richtigkeit seiner Handlungen, und er überlässt den Umständen wenig Einflussmöglichkeiten. Getroffen werden kann er allenfalls durch eine Veränderung seiner inneren »Landschaft«, zum Beispiel, wenn er von allen

Seiten angegriffen wird oder er dem Wunsch nach einer Aufgabe seiner Position nachgibt.

Erlaubt uns diese Nicht-Aneigenbarkeit des Geheimnisses eines Menschen, eine Ethik zu formulieren?

Macht des Kreativen

Das Geheimnis ist Macht. Es wird von inneren Zwänge gelenkt, und dem, was es sowohl an die Instanz des Symbolischen (Sprache/Vorstellung) wie an die Affekte und ihr quasi chemisches Substrat bindet. Diese Fähigkeit, die das Geheime in uns entfaltet, ist in ständiger Transformation, eine treibende Kraft, deren Kreativität schwer zu erklären ist. Ihre Verbindungen zum Gedächtnis und zur Sprache, vor allem ihre Beziehung zum Traum sind Gegenstand von Forschungen und Erfahrungen, die uns helfen, Einbildungskraft und Imagination neu zu denken. Die Psychoanalyse nach Lacan wurde diesem Begriff lange nicht gerecht. Eingeklemmt zwischen dem Realen und dem Symbolischen ist das Imaginäre das Stiefkind der Theorie, etwas, das in die Illusion führt. Das Geheimnis offenbart sich im Imaginären nicht durch ein Plündern oder Herausreißen, sondern als eine Welt aus Licht und Schatten, durch die man sich bewegt wie ein Tier, das seinen Instinkten folgt.

Heute vernebelt das soziale Feld eine immer offensichtlichere Kluft zwischen zwanghafter Obszönität und faktischem Puritanismus. Auf der einen Seite die Walt-Disney-Traumwelten mit ihren jungen Paaren auf der Suche nach Transparenz und dem Ideal der Ewigkeit, auf der anderen Seite der Zynismus der »gut gemanagten« menschlichen Beziehungen. Das Geheimnis verbindet auf sehr wirkungsvolle Weise das lebendige Verlangen und die Möglichkeit, die das Reale zu dessen Erfüllung bietet. Man setzt also voraus, dass es das Reale ist, das den Wunsch enthüllt, und dass es eine Möglichkeit zur Stabilisierung und Wiederholung bietet.

Wenn man unterschiedliche Lebensmomente, gute wie schlechte, miteinander verbindet, dann zeigt uns das geheime Leben unserer Wünsche sein freundliches Gesicht. Ist diese Bindung jenseits der Sprache nicht die eines Bildes? Doch wie es enthüllen, ohne den fragilen Status eines Standbilds zu gefährden und damit den Stillstand der Zeit, auf dem dieses beruht?

Bildet sich das Geheimnis als Intimitätsfigur der Psyche beim ersten Kontakt mit der Welt? Oder kommt es von weiter her? Gewiss schafft es sich im Imaginären seine Freudenhäuser, die es von Zeit zu Zeit aufsucht, zeichnet es zum Vergnügen Arabesken, kurz: Es erfindet. Doch paradoxerweise kristallisiert es seine Macht in uns während seiner obsessiven, wiederholten Auftritte auf eine »medusierende Weise«, in verblüffender Starre. Seine Macht besteht darin, dass es jenseits von Gut und Böse liegt. Da es sich ganz am Anfang in unserer Beziehung zur Sprache ausbildet, ist es dem moralischen Bewusstsein nicht fremd, und doch geht es über dieses hinaus. Es drängt uns seine gewinnbringende Bedeutung auf, das heißt, es gibt uns zum Tausch etwas, das es im Kontakt mit der Realität vermehrt und das sich in den Zwischenräumen des Mangels, der Frustration, des Wartens, der Verästelungen des Traums, der ersten Berührung, der ersten Eindrücke und dem zuerst Gesehenen entfaltet. Es webt das Gewebe unserer geheimen Erfahrungen. Auf diese Weise hat das lebendige Verlangen unter Umgehung des Ichs einen Pakt mit der Lust geschlossen. Dieser Pakt stellt die Identifikationen, die uns ausmachen und mit denen wir uns unser selbst versichern, in Frage. Die Wahnzustände der sogenannten Psychotiker zeigen das ganz offen, sie werden verfolgt von dem bloßliegenden, ungefilterten Zuviel an Wahrheit.

Geheimnis der Träume

»Tiere träumen. Gehe ich völlig fehl in der Annahme, dass die philosophischen und historischen Implikationen dieses Gemeinplatzes kapitalen Ausmaßes sind und dass sie erstaunlicherweise viel zu wenig beachtet wurden?«

Mit dieser sibyllinischen Frage greift George Steiner das bestgehütete Geheimnis der Psyche an, das zugleich am Ursprung der Psychoanalyse steht: den Traum.[4] Er tut dies scheinbar unschuldig, als würde er zur Hilfe eilen. Denn der Traum ist eine gefährliche Angelegenheit, die durchaus die Fundamente unserer modernen Mythologie zum Einsturz bringen kann. Gehen die Träume den Worten, die sie benennen, voraus? Nichts entkommt der Sprache, weder die Träume einer Katze, die nicht sprechen kann, noch die Träume dessen, der auf dem Sofa ausgestreckt von eben dieser Katze träumt. Das Material der Psychoanalyse ist zuallererst die Sprache. Doch sein Leben lang, bemerkt Steiner, hat Freud in den Neurowissenschaften nach einer Bestätigung seiner Thesen gesucht. Hat er denn wirklich nie von einer »Mythologie« gesprochen?

Wie kann die Psychoanalyse behaupten, von einer universellen Sprache des Unbewussten Zeugnis abzulegen – sollte diese überhaupt existieren? Freuds Traumdeutungen sind Literatur. Alles in allem, so Steiner, handelt es sich jedenfalls nicht um »freie Assoziationen«, die als Belege für die

---

4 George Steiner, »The Historicity Of Dreams (Two Questions to Freud)«, *Salmagundi* 61 (Fall 1983), S. 6–21.

Entdeckung eines unbewussten Wissens dienen können, sondern, wenn auch auf tiefster Ebene, um regulierte Assoziationen, gleichsam ein Blätterteig aus Gelehrsamkeiten, literarischen Bezügen und Geschehnissen, die dem Bürgertum eines gewissen Milieus angehören, das während einer ganz bestimmten Epoche in Wien lebte. Im Übrigen ist das von einem Patienten Gesagte als »freie« Assoziation zu bezeichnen eine ironische List, wie Lacan einräumt, und es ist eher die Aufgabe des Logikers oder des Anthropologen, die prästrukturellen, in gewisser Weise geologischen Schichten freizulegen, aus denen die unsichtbare Armatur der Rede des Patienten besteht, denn nur in dieser Perspektive kann die Psychoanalyse Wissenschaftlichkeit beanspruchen und die Dynamik ihrer Entwicklung anerkannt werden. Wenn die Rolle des Analytikers darin besteht, zuzuhören und zu deuten, dann obliegt es anderen, den Logikern, Anthropologen, Linguisten, den soziokulturellen Hintergrund zu entziffern, dem die vom Unbewussten gelieferten Informationen auf eine Weise entnommen sind, die es gestattet, eine transpersönliche Schicht freizulegen.

Unsere Träume erzählen vom Geheimnis unseres Seins. Sie enthüllen und zeigen uns uns selbst besser, als wir selbst es können. Die Geschichtlichkeit der Träume ist eine zweifache, sagt Steiner. Die Träume bilden ein Grundraster von Geschichte: Die Chronisten berichten von prophetischen Träumen, Träumen von Sieg und Niederlage, Rätselträumen. Und sie untermauern paradoxerweise die Authentizität der mit ihnen verbundenen geschichtlichen Ereignisse, wie zum Beispiel im Traum des Pharaos in der Bibel, im Traum des Hamilkar oder des Scipio. Es gibt auch jene schwer zu fassenden Träume, die das Bewusstsein des Träumers transzendieren und die zum Zerwürfnis zwischen Freud und Jung beitrugen, weil sie Jung Anlass zu seiner These vom

Kollektiven Unbewussten gaben. Das vom Traum gehütete Feld des Geheimen, so Steiner, ist zugleich ein Feld des Widerstands (des Widerstands aus dem Untergrund gegen totalitäre Herrschaft), des Widerstands gegen Unterdrückung und Ort der Hoffnung, was der Psychoanalyse eine Dimension seltsamer Lebensenergie eröffnet. In der *Odyssee* beispielsweise entstehen die Träume aus einer Heimsuchung der Zukunft. In der Psychoanalyse hingegen haben die Träume ihren Ursprung nicht in der Prophetie, sondern in der Erinnerung. Freud weist die orakelhafte Dimension des Traumes nicht zurück, weist er ihm doch die Funktion eines dem Träumer unbekannten Trägers von Wahrheit zu, auch wenn er betont, dass es gerade dieses Unwissen ist, das sich um die geheimsten Wünsche dreht.

Sex und Gebet

Wie jeder weiß, bildet das gezielt Ausgesprochene nur einen verschwindend kleinen Teil aller Rede. Die psychoanalytische Erforschung des Sprachenwirrwarrs hat uns gezeigt, dass sich das innere Gespräch auf alle Facetten der menschlichen Erfahrung bezieht und dass es mindestens zwei Gebiete gibt, auf denen das Geheimnis – als Sprache – eine vorherrschende Rolle spielt: Sex und Gebet.

Das Obszöne führt unterhalb der gesellschaftlich zugelassenen Äußerungen ein intensives Eigenleben. Was verschwiegen wird, hat keine andere Funktion als den Abstand zwischen dem, was gesagt wird und dem, was gesagt werden könnte, zu betonen: Erotik des Verschwiegenen, Erotik des Andeutens. Erotik der Anrufung, der Meditation, der Erwartung: Alle Formen der religiös geprägten inneren Rede stehen für ein Geheimnis, das einzig mit Gott geteilt wird. Ein solches Unterpfand ist heute nicht mehr üblich.

Am bisher radikalsten sind der Sex und das Gebet in ihrer Eigenschaft als innere Rede im vergangenen Jahrhundert »ausgestellt« worden. In *Der Gebrauch der Lüste* kritisierte Michel Foucault die gemeinhin geteilte Vorstellung, der Sexualität sei ihr Erscheinen erst spät zugestanden worden, und er hat gezeigt, dass intime Tagebücher und andere Texte religiöser Buße seit jeher veritable Fundgruben der Unterweisung und Verbreitung der Rede über Sexualität darstellen. Nichtsdestotrotz zeigt sich, dass der Gläubige des 17. Jahrhunderts Stunden in stillem Gebet mit Gott oder sich selbst verbrachte. Heutzutage wäre das ein unvorteilhafter Rückzug, es sei denn, er wird als All-inclusive-Meditations-Kit mit Glücksgarantie verkauft. Die Veränderungen im erotischen Diskurs waren nicht minder radikal. Welche Worte und Redewendungen wären uns heute verboten? Was auf der Bühne aufzuführen oder zu drucken wäre heute nicht zulässig?

Die Abwertungen von sexueller und religiöser Rede hängen miteinander zusammen. Ist die Psychoanalyse als Nutznießer dieses Auseinanderbrechens nicht vielleicht gar die treibende Kraft? Freud hat uns absurde Formen des Schreckens, der Heuchelei und der Abgötterei präsentiert, er hat uns die Mittel für ein besseres Selbstbild an die Hand gegeben – doch der Preis dieser Emanzipation wird nur selten im Sinne einer Verarmung und Reduktion unseres Seelenlebens und unseres Verhältnisses zur Welt begriffen. Diese Verarmung, diese Austrocknung ist heute vielleicht einer der Hauptgründe, eine Psychoanalyse zu beginnen.

Geheimnis der Sterne

Die Liebe liebt das Geheimnis nicht, das Begehren umso mehr. Die Geschichte von Liebe und Begehren ist eine geheime Geschichte. Das Begehren schwankt, während die Liebe auf Dauer hofft und Dauer verspricht. Das Begehren bedarf des Mangels, um zu brennen, und einer Gegenwart, um sich zu zeigen, es bedarf der Erinnerung als Möglichkeit der Reue, der Zukunft als Schirm, um seine Phantasmen zu projizieren. Die Liebe hingegen schafft sich ein Jetzt, das ein Immer sein will, sie verwandelt eine Wahl in eine Notwendigkeit, Kenntnis in Anerkenntnis. Vor allem aber kann sie in Hass umkippen.

Begehren, lateinisch (und italienisch) *desiderare* verweist mit seiner Herkunft aus *sidus, sideris* auf Gestirn, Stern oder Planet (*astrum*), also auf die Konstellation (der Sterne), womit *de-siderare* die Bedeutung »die Sterne nicht mehr betrachten« annimmt. Auch das französische Wort *désir* bewegt sich – vielleicht auf einer Umlaufbahn – in einem ähnlichen Bedeutungsfeld: nicht fixierbar sein, an keinen Stern gebunden sein. Die lateinischen Autoren gebrauchen einhellig das Wort *desiderare* im Sinne eines Betrauerns von jemandem oder etwas, das uns angehört und teuer ist. Die ursprüngliche Vorstellung ist also eine negative: Wer begehrt, dem »ermangelt« gewissermaßen ein Stern – es fehlt ihm eine Person oder eine Sache. Die positive Bedeutung, »hoffen«, »erlangen wollen«, kommt erst später hinzu…

Überraschend an der Etymologie von *desiderare* ist, dass Wunsch und Begehren nicht zunächst auf das Körperliche, auf Hunger und Sex bezogen sind, sondern mit dem Himmel zu tun haben. Und noch etwas ist überraschend: Der Wunsch, das Verlangen, bindet uns nicht an die Sterne, vielmehr befreit es uns von ihnen.

Die Liebe ist ein Parcours der Initiation. Wenn man das vergisst, macht man aus ihr ein simples Festhalten und wiederholt bis zum Erbrechen die immergleichen Szenen. Lewis Caroll hat uns von den geheimen Träumereien eines ziemlich interessanten Mädchens berichtet. Es verliebt sich zwar nicht, doch durchlebt es in mehreren Etappen eine magische Reise, es erlangt ein geheimes Wissen, das es dazu bringt, seine Identität preiszugeben (und wiederzuerlangen), ähnlich jener Verwandlung, die die Liebe in uns verursacht. »Wir haben Kunst, um nicht an der Wahrheit zu sterben«, schreibt Nietzsche. Die Wahrheit darf das Maß des Erträglichen nicht überschreiten.

Vor Alice – unser Allerweltskindername – taucht plötzlich ein weißes Kaninchen auf. Es reißt sie aus der Lektüre, weg von ihrer Puppe und von ihrer Kindheit. Als Alice ihm folgt, fällt sie in eine andere Dimension. Erst wird sie riesengroß, dann winzigklein, sie durchquert Zeiten und Räume und erlebt einen verrückten Tag, lernt Freundschaft und Gefühle kennen, hört absurde Todesurteile, erfährt ironische Wiederholungen. Für Alice ist dieses Fallen aus der Kindheit ein Erwachen in einer seltsamen Gegend, einem Gebiet, in dem alle Regeln so absurd sind wie ein Beweis im Koan des Zen. Vielleicht muss man ja genau das bejahen, um zum Begehren zu gelangen? Was ist das, was Alice die Augen für eine andere Realität öffnet, was sie hinter die Spiegel führt, als sie ins Kaninchenloch fällt? Ob zu groß oder zu klein, stets muss sie Übergänge bewältigen, die nicht nur ständigen Scharfsinn erfordern, sondern auch Sprünge jenseits des

Gewohnten. Wie bei jeder Liebeserfahrung übrigens, bei der man nicht mehr so richtig weiß, wer man ist. Im Abenteuer der Liebe gibt es einen Schock und eine Offenbarung der Identität. »Sag mir, wer ich bin, und ich liebe dich.«

»Die Raupe und Alice sahen sich eine Zeit lang schweigend an; endlich nahm die Raupe die Huhka aus dem Mund und sprach sie mit schmachtender, langsamer Stimme an.
›Wer bist du?‹, fragte die Raupe.
Das war kein sehr ermutigender Anfang für eine Unterhaltung. Alice antwortete, etwas befangen: ›Ich – ich weiß nicht recht, diesen Augenblick – vielmehr ich weiß, wer ich heut früh war, als ich aufstand; aber ich glaube, ich muss seitdem ein paar Mal verwechselt worden sein.‹
›Was meinst du damit?‹, sagte die Raupe streng. ›Erkläre dich deutlicher!‹
›Ich fürchte, ich kann mich nicht deutlicher erklären, Raupe‹, sagte Alice, ›weil ich nicht ich bin, sehen Sie wohl?‹
›Ich sehe nicht wohl‹, sagte die Raupe.
›Ich kann es wirklich nicht besser ausdrücken‹, erwiderte Alice sehr höflich, ›denn ich kann es selbst nicht begreifen; und wenn man an einem Tage so oft klein und groß wird, wird man ganz verwirrt.‹
›Nein, das wird man nicht‹, sagte die Raupe.
›Vielleicht haben Sie es noch nicht versucht‹, sagte Alice, ›aber wenn Sie sich in eine Puppe verwandeln werden – das müssen Sie über kurz oder lang, wie Sie wissen – und dann in einen Schmetterling, das wird sich doch komisch anfühlen, nicht wahr?‹
›Durchaus nicht‹, sagte die Raupe.
›Sie fühlen wahrscheinlich anders darin‹, sagte Alice; ›so viel weiß ich, dass es mir sehr komisch sein würde.‹
›Dir!‹, sagte die Raupe verächtlich. ›Wer bist du denn?‹
Was sie wieder auf den Anfang der Unterhaltung zurückbrachte.«

Liegt das Geheimnis des Schmetterlings in der Raupe oder in einer Selbstwerdung und deren allmählicher Enthüllung?

Im wirklichen Leben eine Häutung zu vollziehen, eine Konversion, eine intime Revolution, die nichts oder nur sehr wenig von unserem alten Ich übrig lässt, ist eine schwierige Übung. Man könnte es auch folgendermaßen sagen: Das Begehren ist ein sehr riskanter Weg, auf dem man seine Identität, seinen Verstand, den Schlaf, den Lebensmut verlieren kann – im Austausch gegen etwas derart Flüchtiges wie ein weißes Kaninchen. Die Identität ist eine Art und Weise, diese permanente Revolution des Begehrens zu fixieren und damit des Geheimnisses, das wir sind.

Wenn man sich verliebt oder wenn man eine philosophische Reise unternimmt, gibt es da diese Stimme direkt hinter einem, die flüstert: »Dreh dich um!« Das Geflüster suggeriert eine Kehrtwende, es weist den Weg der Revolte, den Weg aus der Höhle, aus allen Höhlen hinaus: aus der Höhle der Kindheit, aus der Höhle eines von Depression und Verrat umnebelten Schlafes, aus der Höhle der trügerischen Meinungen, und er führt in Richtung dessen, was doch nur ein Traum zu sein schien, denn wir dachten, ja hätten schwören können, das dort drüben an die Wand geworfene Bild sei die Wirklichkeit. Sich umzudrehen ist ein echtes Risiko. Alles bedeutet Verzicht: der Weg zurück, die Verrücktheit, sich gegen alle zu wenden. Der Gefangene, der sich umdreht, gerät zuallererst in Rückstand, denn eigentlich will er ja nach vorne entkommen. Es ist wie die philosophische Anamnese, wie ein bestimmter »psycho-sophischer« Weg der Psychoanalyse, wie die Erinnerung, die eine Zukunft eröffnet, es ist die Verrücktheit, gegen alle »scheinbare« Vernunft zu glauben, dass dort, hinter einem, eine Freiheitsreserve ohnegleichen liegt. Eine Freiheit, die kein Zurück kennt. Das ist es, was uns das Liebesereignis darbietet und wozu es uns herausfordert.

Würde es – weniger dramatisch – nicht einfach genügen, die Liebe als eine Mischung aus Wissen und Geduld zu begreifen? Im Märchen müssen große Gefahren ausgestanden werden, bis schließlich eine Metamorphose den Königssohn aus seiner Frosch- oder Katergestalt befreit. Das Schloss wird zurückverzaubert, die Prinzessin erwacht aus ihrem Todesschlaf und der Bann ist gelöst…

Wir stehen am Beginn einer kleinen Eiszeit, einer Zeit steter und unmerklicher Anästhesierung. Die Freizeit ist durchorganisiert und die Meinungen sind gesteuert, denn es soll bloß keine Überraschungen, Fehltritte oder größere Veränderungen geben. Je mehr die Menschen sich mit dem Morgen beschäftigen, desto melancholischer werden sie, hier, vor unseren Augen. Um zu einem Geheimnis zu gelangen, das purem, verwundertem Staunen entspringt und nicht auf Angst und Schrecken stößt, müssen wir also auf andere Weise zu uns zurückfinden. Wenn sich in uns plötzlich die Möglichkeit einer neuen Wahrnehmung eröffnet, eine Begegnung, ein Licht, der Geschmack einer dunklen Frucht. Unsere Wahrnehmung trifft auf die Welt und diese antwortet uns plötzlich.

Eifersucht

Vor Ihnen liegt das das Handy der Person, die Sie der Untreue verdächtigen. Eines Tages haben Sie sie bei der Eingabe des PIN beobachtet oder haben sich in die iCloud eingeloggt. Sie strecken die Hand aus und verschaffen sich Zugang. Damit ist es passiert. Von jetzt an gibt es für Sie kein Nichtwissen mehr. Dieser Schritt ist unumkehrbar und hat Sie in den Teufelskreis des Verdachts geführt. Es ist wie mit einer Droge, man braucht immer mehr, denn die Wirkung wird immer schwächer. Mit klopfendem Herzen bohren Sie nach den Geheimnissen des anderen, aber im Grunde geht es nicht um das, was er ist, sondern um das, was er womöglich, glauben Sie, mit anderen erlebt und wovon er Sie ausschließt. Die Spirale ist teuflisch und der entstehende Schaden ist es nicht minder, denn nirgends tut sich ein Ausweg auf. Ist das Vertrauen ineinander einmal zerstört, bildet es sich ohne ein Wunderwerk der Liebe und ohne lange innere Arbeit vor allem an sich selbst nicht mehr neu.

Nicht selten schadet uns unser Verlangen, alles zu wissen. Man kommt an kein Ende mit dem Verdacht – bis man etwas Verstecktes gefunden hat. »Die Wahrheit eines Menschen ist zuvorderst das, was er verbirgt«, schreibt Malraux.

Es geht auch darum, Gewissheit darüber zu bekommen, dass die Absichten und Handlungen des anderen durchschaubar und dass seine Schwüre glaubwürdig sind. Erst ein totales Wissen würde uns die Sicherheit geben, dass wir uns dem anderen wieder hingeben könnten. Doch genau da beginnt die Illusion. Ein Geheimnis zu enthüllen ist nicht selten dramatisch. Man wollte es um jeden Preis wissen, doch was enthüllt wurde, lässt sich nicht erneut verbergen. Die Zerstörung trifft auch den Schänder.

In *Figuren des Begehrens*[5] zeigt René Girard, dass das Begehren stets die Nachahmung des Begehrens eines anderen ist. Unser Begehren ist alles andere als autonom (darin besteht die romantische Illusion), sondern wird stets von einem Begehren hervorgerufen, das ein anderer einem Objekt gegenüber hegt. Das begehrende Subjekt misst dem Modell, dem es eine Autonomie verleiht, einen ganz besonderen Wert bei. Das Verhältnis zwischen Subjekt und Objekt ist kein direktes: Es gibt immer ein Dreieck. Die Anziehung durch das Objekt geschieht über das Modell. Girard nennt das von ihm erforschte Wesen des Modells Mediator. Das Begehren ist metaphysisch, insofern es nicht einfach Bedürfnis oder Appetit ist, »jedes Begehren ist Seinsbegehren«, es ist ein Verlangen nach einer ontologischen Fülle, die es dem Mediator beimisst. Im Gegensatz zum Bedürfnis ist das menschliche Begehren wesentlich unendlich, denn es kann niemals wirklich befriedigt werden.

Der Glaube an die Autonomie unseres Begehrens ist eine romantische Illusion. Die Wirklichkeit des Begehrens zu entdecken, den Mediator zu enthüllen, ist etwas, das den großen, von Girard studierten Romanschriftstellern, gelingt: Der Zugang zur Wahrheit erfolgt durch die Kunst. Angesichts eines Mediators, der unabhängig von der Position des Subjekts allmächtig erscheint, ist die Erfahrung des Begehrens stets eine des Mangels, der Demütigung und der

5 René Girard, *Figuren des Begehrens. Das Selbst und der Andere in der fiktionalen Realität*, aus dem Französischen von Elisabeth Mainberger-Ruh, Münster 2012.

Herabsetzung. Freud irrt, so Girard, weil er das mimetische Wesen des Begehrens und die von ihm herrührende Dynamik der mimetischen Rivalität nicht erkannt hat, während er eine Theorie des konfliktuellen Dreiecks, das bei seinen Patienten omnipräsent ist, liefern muss. Während die mimetische Konzeption das Begehren von jederlei Objekt ablöst, hält Freud an einem auf dem Objekt (die Mutter) gründenden fest. Während nach der mimetischen Konzeption die Rivalität in Gewalt mündet, muss Freud ein Bewusstsein väterlicher Rivalität mitsamt mörderischen Konsequenzen unterstellen.

René Girard hat recht: Es gibt eine wesentliche Dreiheit, von der sich diese Leidenschaft nährt. All das, was sich beim anderen der Befragung entzieht, Zweifel, Projektionen, schmerzt. Der Neid auf das, was der andere ohne einen erfahren könnte, kann Leiden bedeuten. Auf was ist man eifersüchtig? Auf das, worauf man keinen Zugriff hat. Auf das Genießen des anderen, auf eine Freude, die er oder sie nicht mit uns teilt. Die Eifersucht begehrt das vom anderen Begehrte mehr als ihn selbst. Die Eifersucht und der Neid kommen mit ihrem Verlangen nach einer Welt transparenter und für alle sichtbarer Gefühle an kein Ende, als ob es für die Wahrhaftigkeit eines Begehrens eine Garantie geben könnte... Das von André Breton imaginierte Haus aus Glas wäre dafür emblematisch.

Man könnte eine solche Haltung als die Haltung Blaubarts bezeichnen: Ein Mann gibt einer Frau alle Schlüssel zu seinem Privatleben, nennt ihr aber einen einzigen Ort, eine geheime Kammer, die sie niemals betreten darf. Bald wird dieses Verbot zu einer Marter, und irgendwann hält sie es nicht mehr aus und geht nachsehen, genau dort, worauf sich das Verbot bezieht. Die Weisheit bestünde darin, einen Bogen darum zu machen. Lieber sich um den eigenen

Garten kümmern und den anderen einladen, sich darin zu verlieren. Denn nichts ist ein mächtigeres Heilmittel gegen das Verlangen, beim anderen einzubrechen, als eine Einladung zu sich. Das Problem ist die Zwangsvorstellung. Denn die Zwangsvorstellung, der es bei weitem nicht nur um das Objekt geht, um das sie sich dreht, dient vor allem der Ablenkung. Der Ablenkung wovon? Davon eine einigermaßen genaue Ahnung zu bekommen, ist ziemlich schwierig. Im Allgemeinen jedoch hat die Ablenkung die Funktion, ein Objekt der Begierde, das Quelle eines unlösbaren inneren Konflikts ist, auf Abstand zu halten.

Theorie des Komplotts

Der Paranoiker sieht in jedem Menschen einen potentiellen Dieb seines Geheimnisses. Er antizipiert die jederzeit möglichen Plünderung seines Universums, den Raub seiner Reserven, des Schatzes, der ihn ausmacht. Er weiß nicht, dass der Hass, dessen Ziel er zu sein glaubt, einzig und allein die Folge seines psychischen Konstrukts ist. Dieses weitet er mitunter bis zur Vorstellung eines internationalen Komplotts aus, um sich auf seiner Gespensterjagd geistig besser zu wappnen. Das Geheimnis ist die Obsession eines jeden Paranoikers: Er vergöttert es (bei sich selbst) und zugleich hasst er es (bei den anderen). Nun ist unsere Zeit nicht mehr von hysterischen Wahnvorstellungen geprägt, dafür unterliegt sie den Kalkülen des Paranoikers und den verführerischen Manipulationen der Perversion. Das Geheimnis verschwindet zwar nicht, doch nimmt es einen »verschwommenen« Status an, wenn man darunter den Hang zur Indiskretion, zum Klatsch, zur Wortbrüchigkeit, ja zum Aussterben jedes Ehrenworts versteht. Die Paranoia teilt die Welt in Freunde und Feinde, sie schafft eine Welt ohne möglichen Kompromiss, in der stets alles zerstört werden kann, in der alles bedroht ist. Ein grassierender Verschwörungswahn führt geradewegs in eine paranoide Gesellschaft.

In *Das Fenster zum Hof* versetzt Hitchcock einen an den Rollstuhl gefesselten Mann in die Position des Voyeurs. Von seinem Fenster aus kann man alles sehen, und doch weiß man nicht, was vor sich geht. Das Kino zeigt, dass man nichts sieht. Der Mann, der aus dem Fenster schaut, sieht, wie vor seinen Augen ein Verbrechen begangen wird, oder vielmehr: er sieht einzelne Sequenzen davon, die sich nicht zu einem Ganzen zusammenfügen. Ein Spiel aus zeitweisem Verdunkeln und Erhellen, an dem auch die ihn umgebenden Frauen teilhaben, die den invaliden Erotiker unter ihre Fittiche genommen haben. Der Schrecken wird durch groteske Details angedeutet (ein Hund, der einen Knochen ausgräbt, der Tod des Hundes) oder durch eine Banalität, die allzu platt ist, als dass sie wahr sein könnte. Es gibt nichts zu sehen, und gerade das ist es, was den Hintergrund für das Vorbeihuschen jenes merkwürdigen Detais bildet, das den Verbrecher verraten wird. Was das mit Paranoia zu tun hat? Man könnte sagen, dass der Voyeur ein geheilter Paranoiker ist. Beide ertragen keine Handlung, keinen Gedanken, keine Absicht, die ihren Blicken, ihrem Zugriff verborgen bleiben. Der Verfolgungswahn des Paranoikers benötigt den Hass (eines anderen) zur Stabilisierung seines Ichs und Vermeidung einer starken Abhängigkeit. Oft verweist eine Szene daher auf einen früheren Moment, da das Subjekt bei etwas ertappt wurde. Von daher auch die Bedeutung des Rituals, aus Angst vor einem zweiten Zusammenbruch immer wieder so zu handeln, dass alles den exakt gleichen Verlauf nimmt. Der Ablauf wiederholt sich in aller Zwangsläufigkeit. Im Unterschied zum Paranoiker aber verbündet sich der Voyeur mit dem Realen, er schenkt ihm Vertrauen. Also wird er im Realen die Bestätigung seines Drehbuches suchen. Und weil er es nicht ohne ein solches tut, deliriert er nicht. Die Frauen sind unerlässliche Kupplerinnen zwischen dem Voyeur und der Realität, und damit dieser nicht in der Paranoia hängenbleibt, lässt er auch einen geringen, ungefährlichen Grad an Undurchschaubarkeit zu. Schließlich werden die Frauen seine Version der Tatsachen akzeptieren, allerdings verschieben sie sie etwas, ziehen sie in Zweifel, spielen mit ihr, um an dem finalen Triumph ihres »Helden« teilzuhaben. Das Begehren ist hier wie der Taler in dem Kinderspiel »Taler, Taler, du musst wandern«. Er gleitet so schnell von Hand zu Hand, dass man ihn nicht zu fassen bekommt... Nicht alles wissen zu wollen, heißt nicht, nicht wissen zu wollen.

VI

Auf das Mysterium zu

Geheime Natur

Die Natur liefert das Vorbild. Sie lehrt uns, dass das Wachstum des Geheimen bedarf, dass das Alpenveilchen seine Blüten außer aller Sichtweite entfaltet, dass die Puppe nachts schlüpft, dass das wesentliche Geheimnis ein Garten ist, in dem man sich regeneriert. Es bedarf des Halbdunkels, damit etwas wachsen kann.

Eine solche Natur scheint heute obsolet geworden durch die wissenschaftliche Forschung, die aus einem verborgenen Prozess eine offengelegte Ordnung des Wachstums macht. Und dennoch lehrt uns die Natur den Respekt vor allem Verschleierten, dass es Zeit braucht, um zu sich selbst zu kommen.

Man hat ein Geheimnis nur, weil es jemanden gegeben hat und jemanden geben wird, an den wir es richten. Und selbst wenn der Grabstein ein Geheimnis für immer versiegeln wird, wird es in diesem Leben jemand anderen gegeben haben, um dessentwillen das Geheimnis sich konstituiert hat. Einen Adressaten: Gott, ein Geliebter, eine Geliebte, eine Erinnerung, ein Totemtier, ein Name, der Himmel – sein innerster Orient. Diese andere Herkunft ist zunächst nichts Mütterliches, keine Matrize, sondern die Sprache. Die Sprache als Welt, der erste Horizont für uns selbst. Gerade da, wo wir gebunden sind, wären wir gerne souverän, und je mehr wir uns weigern, dies anzuerkennen, desto mehr zieht sich die Schlinge zu. Scham und Gewalt haben hier ihren Grund.

Das Geheimnis, das wir nicht lüften können, versteht es gut, sich hinter die Horizontlinie zurückzuziehen. Es zieht sich schneller zurück als das Licht, entwischt unserem elektronischen und psychoanalytischen Radar und löst sich auf, als hätte es nie existiert. Sein Widerstand ist kolossal, denn es ist unendlich subtil: Wie die Sanftheit und die Freiheit nimmt es nicht, sondern gibt es sich. Der Augenblick des Todes, wie ihn Blanchot beschrieben hat, ist selbst für den, der seine Erfahrung macht, ein Geheimnis, etwas Gegebenes, das nur ihm gegeben wird, unübertragbar und unveräußerlich. Wie jeder radikale Übergang macht er uns zum blinden Passagier.

Das Geheimnis, das sich weigert, zu einem Rätsel zu werden, wird zu einem Mysterium. Das ist das Wort, mit dem die Menschen sich an das Heilige erinnern, an das, was wohl nie gelüftet oder erhellt werden wird.

Schleier

Für Heidegger hat das Geheime wesentlichen Anteil an der Enthüllung der Wahrheit, die er als *aletheia* oder Unverborgenheit versteht. Was für die ersten griechischen Denker offensichtlich war, ist im Laufe der Geschichte der Metaphysik immer mehr in den Hintergrund geraten. Das Mysterium ist zu einem Rätsel geworden, das gelöst werden muss. Der Schleier als wesentlicher Bestandteil der *aletheia* ist zu einer bewusst verheimlichten Wahrheit heruntergekommen. An die Stelle des Respekts vor dem Mysterium und seiner Erhellung trat die Anstachelung zur Denunziation. Wir leben heute in einem »Zeitalter des Verdachts«. Licht in das zu bringen, was sich verbirgt, ist heutzutage Sache der Poliziei oder von Spionagetechniken.

Heidegger hat gezeigt, dass der wesentliche Schleier der Wahrheit durch eine gewisse, von den ersten griechischen Dichtern und Denkern geachtete Ambiguität gekennzeichnet ist. Im Gegensatz zu uns sahen sie weder im Mysterium noch im Geheimnis, sondern in deren genauem Gegenteil, dem Verheimlichten, eine Bedrohung der Wahrheit.

Für Freud gerät das Verdrängte aus dem Verfügungsbereich des Subjekts, es ist ein Verheimlichtes von sekundärem Nutzen. Das Geheimnis, das bewusst verborgen wird, ist nicht das gleiche wie eines, das Ursache von Verdrängung geworden ist. Was für das Subjekt unerträglich ist (die Scham zum Beispiel), wird vom Bewusstsein abgezogen, und je größer der Druck ist, mit dem es aus der Vorstellung abgezogen wurde, desto stärker kehrt es in ähnlichen Situationen wieder.

Nach Heidegger spielt das Sichverbergen der »Dinge« und deren Verbergung durch uns ineinander. Wir sind für die Folgen unseres Vergessens verantwortlich. Die Griechen – um zu ihnen zurückzukommen – wehrten sich gegen das Verschwinden des Flusses Lethe (das Vergessen) und die Tilgung durch Imitation. Die Imitation ist eine Herrschaft des Gleichen, ein Trompe-l'œil und falscher Schein. In seiner Analyse der Seinsvergessenheit lehnt es Heidegger ab, im Schleier der Wahrheit eine Gestalt der Nicht-Wahrheit zu sehen. Diese Analyse erlaubt es ihm auch zu zeigen, wie sehr das Bewusstsein machtlos bleibt in seinem Versuch, das fatale Phänomen des Vergessens zu denken. Nicht, weil das Vergessen das Dasein nicht in seiner Beziehung zu den Dingen beeinflusst, sondern im Gegenteil, weil es dieses an eine Art Ereignis verweist, das sich seiner Initiative und Kontrolle entzieht. Das Vergessen betrifft das Subjekt ebenso wie die Dinge, auf die es sich bezieht. Wenn es etwas vergisst, dann vergisst das Subjekt auch seine Beziehung dazu.

In unserer von Reproduktionen überquellenden Zeit wird eine begehrte Sache sofort in zig Versionen variiert. Wo etwas Geheimes sich unbemerkt enthüllt, stehen sofort beliebig viele Imitationen oder Reproduktionen zur Verfügung. Ein Geheimnis kann also ebenso leicht übersehen wie verbissen ans Licht gezerrt werden. Eine Sache muss nicht versteckt werden, damit sie ihr Geheimnis bewahrt.

Die wahre Eröffnung eines Geheimnisses kann nicht erzwungen werden. Gibt es in unserer Zeit außer den Dichtern und Denkern überhaupt noch jemanden, für den das Wesen des Geheimnisses nicht vollständig in Vergessenheit geraten ist? Sind sie denn die Einzigen, die einem nicht nur in einer Gabe, sondern in allen Dingen sich verbergenden Geheimnis gegenüber offen sind? Sind sie die Hüter einer längst vergangenen Geschichte oder die Propheten einer neuen Zeit?

Erbschaften

Für Derrida ist eine Erbschaft ein niemals ganz zu entziffernder oder auszudeutender Vorrat. Stillschweigende Verpflichtung des Erben ist es, mit ihr niemals an ein Ende zu kommen, sie für die Zukunft zu bewahren. Man weiß nie, wohin einen diese Verantwortung führen wird. Eine solche Erbschaft ist gleichermaßen individuell wie kollektiv. Sie stellt einen vor die Aufgabe der Weitergabe (eines Wissens, eines Vermächtnisses, eines Versprechens) und eines möglichen Bruches oder Vergessens. Ein so verstandenes Erbe ist ein Geheimnis. Ähnlich einem Geheimfach in einem familiären Möbelstück hält es etwas unter Verschluss, das sich dem unbefugten Zugriff entzieht. Der Ort, an dem das Geheimnis verwahrt ist, ist unbekannt. Es bleibt uneinnehmbar. Selbst wenn es einen Riss in einer Trennnwand gibt und etwas zum Vorschein kommt, tut das nichts zur Sache. Das Geheimnis selbst bleibt heterogen, dem Wissen wie der Autorität unzugänglich. Ein Archiv kann zu einem Korpus vereint und systematisch erschlossen, ein noch so gut verschlüsselter Code kann entschlüsselt werden, bei einem Erbe oder einer Weitergabe ist das nicht der Fall. Das Geheimnis als Moment der Enthüllung ist ein Zeitraum des Werdens, eine Spirale, deren Zentrum die Wahrheit bildet – die als ein Moment ihrer Enthüllung wiederum selbst in Bewegung ist. Die drei Kreise Heiliges/Opfer/Geheimnis sind miteinander verbunden und bilden eine ganze Kosmologie. Es handelt sich also zuallererst um eine Trennung von der profanen Wirklichkeit, dem Lebensfluss der Welt.

Das Enthüllen ist der Prozess, durch den ein Denkprozess, eine Verwandlung des Lebenden an die Oberfläche nicht nur des Bewusstseins, sondern der Wirklichkeit überhaupt gelangt. Jedes noch so tief vergrabene Trauma kommt irgendwann an den Tag und wird sichtbar. Der Drang zur Enthüllung ist unwiderstehlich. Anders als man es sich vorstellt unterliegt die Geheimnisproduktion, die unbegrenzte Erzeugung von Sperrcodes der Entropie fortwährenden Löschens, und immer wirksamere Techniken machen alle Ausschluss- und Verteidigungsmechanismen obsolet. Alles macht den Anschein, als strebe das Geheimnis nach seiner Aufdeckung und als widersetze es sich dem Mysterium, in das nicht eingedrungen, das nicht entschlüsselt werden kann und das zu keiner Enthüllung gelangt.

Das Geheimnis ist das Moment absoluter Exposition menschlichen Sprechens. Es ist dasjenige, was überhaupt erst die Möglichkeit des Sprechens schafft, das, was das Sprechen in seinem Kern »für sich behält« und was sich plötzlich preisgibt oder verschwindet. Die Möglichkeit dieses Verschwindens, dieses Vergrabenwerdens im Sand der Nächte, im Vergessen, in der Gewalt, in der Irre, der Verleugnung ist ein Abgrund, ein Strudel, um den herum sich die Sprache und mit ihr die menschlichen Leidenschaften entfalten. Und das geheime Innere? Das, was man für immer bewahrt, das einem nie über die Lippen kommt, um das nur man selbst weiß: eine Verwundung, ein Ereignis, ein Drama, dessen einziger Zeuge man war? Ein eingemauertes Wort, ein eingekapseltes Leiden, eine Wesensfalte um ein Leid, das mit niemanden geteilt werden kann. Das Geheimnis beginnt erst mit dem Einbruch der Andersheit – es ist eine andere Sprache, die in unserer ursprünglichen Sprache widerhallt, so wie im Exil die Erinnerungen wach werden. Es ist das gleiche Moment der Exposition der Sprache, wie ihn jedes Gedicht und jedes poetische Schreiben in seinem Verhältnis zur Welt anstrebt. Wenn es um seines Inhaltes willen gesucht wird, d.h. nicht als ein Moment des Lebens, sondern als kostbares Objekt, das einen Schatz sichert, dann wird dieses Moment zu einer verhängnisvollen Waffe.

Verhängnisvoll in Bezug auf die Sprache selbst, indem es sich gegen das Leben und die Liebe richtet. Gegen das, was sich jedem Einfluss, jeder Gegenwart entzieht. Unsere Hinterlassenschaften sind Fassungen einer Welt, deren Empfänger wie Hehler wir zugleich sind.

Vertrauliches

Der Weg einer ersten Analyse verläuft vielleicht immer über die vollendete Zukunft einer Familiengeschichte, die man bis dahin nur der Legende nach kannte, ohne im unterliegenden Gewebe den eigenen Faden ausmachen zu können, der sich an jenen Stellen verknotet, wo das Leiden sich staut. Wenn man in dieser Geschichte die Stellen ausfindig macht, wo es im Gesprochenen hapert, wo etwas fehlt, die Ellipsen, Leerstellen, die gesammelten Lügen, die immer weitergegeben werden, weil sie jedem in der Familienkonstellation einen Platz zuweisen, dann löst dieser Platz, wenn er fehlt, eine extreme Aggression aus beim stammelnden Versuch, zu einer ersten Wahrheit des Begehrens zu gelangen. Insgeheim glauben wir bei der Analyse immer noch an eine Offenbarung. Wir warten auf ein Wort, das alle Verletzungen auf sich nimmt, aus dem der Schrei hervortritt, jener erste Schrei aus dem noch nicht von der Mutter getrennten ursprünglichen Chaos, der dem sandigen Pfad der Hysterie seine seltsame Festigkeit verleiht.

In einer ersten Analyse erhalten wir eine Entstehungsgeschichte, die in der Stummheit eines Leidens gefangen ist. Für mich löst sich diese in dem klaren Bewusstsein auf, dass es Unsagbares jenseits aller Vorstellung bzw. Repräsentation gibt. Repräsentation wäre demnach die Ordnung, nach der sich Sichtbares in die Sprache einschreibt. Nach Perrier ist das Unbewusste nicht die Rückseite eines äußeren Anscheins: Der Psychoanalytiker ist kein Kulissenschieber des Seins zur Offenlegung des Nicht-Sinns. Hinter den Kulissen, das heißt in der Künstlergarderobe, gibt es selbst dann, wenn das Subjekt seine Masken abgelegt hat, nur eine virtuelle Zeichensetzung, reine Ausdrucksinstanzen zwischen Signifikanten, die es betreffen, es jedoch nicht subsumieren: Alles kann bei der nächsten ›Vorstellung‹ wieder von vorne beginnen. Und genau hier würde ich C.G. Jungs Verneinung des Todestriebs hinterfragen, wenn er in der Figur des Selbst einen in jedem Menschen vorhandenen Wunsch und die Fähigkeit voraussetzt, als Subjekt zu sich selbst zu kommen, dessen innerer geistiger Führer das Unbewusste ist, dessen Botschaft der Mensch zu entschlüsseln lernt. Wenn man bei einem Patienten die Bilder aufdeckt, durch welche die Archetypen die Libido einnehmen, heißt das, dass das Begehren durch das archaische Bild strukturiert und vernäht ist. Wenn die in den Träumen, Fehlleistungen und Übertragungen ausfindig gemachten Jung'schen Archetypen sich nun an der Deutung beteiligen, dann lassen sie nicht immer das Aufsteigen dieser Angst zu, in der das Bild zerstört wird, ohne dass ein anderes auf es folgt. Daher vermag nur die Skansion eines Schweigens auszudrücken, was es mit dem Verhältnis des Subjekts zu seinen Signifikanten und zur unvorstellbaren Verzweiflung des Endlichseins auf sich hat.

Ich hatte lange gezögert, Medizin zu studieren, und als ich dann meinem Zweitstudium nachging, kam diese Geschichte mit Julie dazwischen, meiner engsten Freundin und gewissermaßen meiner Seelenschwester. Es war mir völlig unerträglich, während meiner ersten Analyse davon auch nur ein Wort zu erzählen, so sehr umgab mich ihr eigenes Schweigen, ein Schweigen, das, so sagten mir die Pflegekräfte, sie immer mehr in den Wahnsinn eingeschlossen hatte. Es dauerte schließlich noch sehr lange, bis ich mich, wenn auch nur unterschwellig, diesem Wunsch, zu heilen, sie zu heilen und von ihr geheilt zu werden, nähern konnte. Es hat eines Tages damit begonnen, dass ich ihren Namen aussprechen, sie bei ihrem Namen nennen konnte, als ich ihr, von jemanden an der Hand geführt wie ein Kind, nach der Rückkehr von einer langen Südamerikareise auf der Straße begegnete.

»Geht der andere unserer Möglichkeit, als Subjekt zu existieren, voraus? Muss man beim Namen genannt werden, um benennen zu können?« Im Kontext dieses Zusammenspiels von »Prophetischem«, Namen und Zeit sowie des Bezugs zum Transzendenten fand ich einen Zugang zur Philosophie. In meiner Doktorarbeit ging es um die Frage, was es bedeutet, von einer Prophezeiung angesprochen zu sein. »Was der Appell im Feld der Sprache darstellt [...], ist die Möglichkeit der Verweigerung«[6], wird Lacan sagen. Der Prophet ist derjenige, der sich der Anrufung entzieht: »Nein, ich bin nicht bereit, sucht euch einen anderen, ich werde nichts prophezeien«. Diese Weigerung ist im Alten Testament eines der Zeichen für die Authentizität der Anrufung. Dass die Philosophie, von der man Ihnen versichert, sie habe eines schönen Tages unter griechischem Himmel zum großen Glück den Ausweg aus den Sackgassen von Mythos und Dichtung gewiesen, eine prophetische Aufgabe haben soll, ist, gelinde gesagt, suspekt.

Dennoch ist es, wie mir scheint, gerade diese dissidente, von einigen Denkern entgegen unseren stärksten Gewissheiten verfolgte Linie, die für das philosophische Denken bitter notwendige Querverbindungen findet. Das Prophetische allein in der Perspektive von Kassandra zu deuten heißt

---

6 Jacques Lacan, *Séminaire I*, Paris, 1985, S. 115 [Jacques Lacan, *Freuds Technische Schriften. Das Seminar, Buch I (1953–1954)*, Wien-Berlin 2019, S. 115].

vor allem, wie André Neher gezeigt hat, die geduldige Revolte zu übersehen, die die Verfügung eines Verhängnisses in eine dunkle Rückkehr des Menschen zu einem vergessenen Sprechen wendet, von der aus sich erneut eine Zukunft eröffnen kann. Das prophetische Denken versucht zu sagen, dass unser Denken stets von einer unzuweisbaren Andersheit ausgeht, die die Ruhe unseres Auf-der-Welt-Seins aufbricht. Wenn das Wissen ein Zugriff auf das Objekt durch den Begriff ist, dann hinterfragt uns das prophetische Denken unterhalb und jenseits des Wissens. Es liefert Anzeichen für eine grundlegende Nichtzuständigeit des Subjekts des Wissens hinsichtlich einer Ethik. Die Denker des Prophetischen bahnen einen Weg der Wachsamkeit, nicht einer fortzuschreibenden Spur, einer Lehre wegen, sondern um darüber hinaus die Frage nach der Menschlichkeit des Menschlichen aufzuwerfen.

Sie durchleben diese Fragestellung angesichts eines Herausgerissenseins aus ihrer ursprünglichen Gemeinschaft. Sie sind die Denker des »Exodus« par excellence, eines Exodus, der durch eine Verschiebung all unserer Denkkategorien symbolisiert wird, sich ihnen als Aufforderung zur Tat artikuliert und sie zu »Subjekten in Antwortposition« macht, wie es Paul Ricœur so gut ausgedrückt hat. Ausgehend von einer Gegenüberstellung der emblematischen Gestalt des Jona, der aufgrund seiner Weigerung, sich nach Ninive zu begeben, drei Tage im Bauch des Wals eingeschlossen ist, mit der Gestalt der Kassandra, der Seherin aus der *Orestie* des Aischylos, habe ich versucht, die Problematik des Prophetischen in den Kontext einer zeitgenössischen Philosophie zu stellen. Ich habe mich dabei auf die Texte von Kierkegaard, Nietzsche, Patočka und Levinas fokussiert.

Diese Vorgängigkeit der Andersheit, von der Levinas so trefflich gesprochen hat, die das Unerhörte des Versprechens als Figur unserer Zu-Kunft ankündigt, stellt die fundamentale Beziehung zum Heiligen in Frage, das im prophetischen Denken – ob nun bei Nietzsche oder Kierkegaard – von beiden Seiten des Unglaubens her jeweils seine Weise findet, das Sagbare zu durchqueren.

Zwischen der prophetischen Konversion und einem Umbruch gibt es einen schmalen Pfad, der vielleicht jener ist, auf dem man der für einen Menschen grundlegenden Wahrheit begegnet. Was den Umbruch betrifft, so war es die – wie ich glaube – zwangsläufige Rückkehr zu meinem ersten Analytiker, die es mir erlaubt hat, aus dem Schweigen Julies herauszutreten, das mich zum Teil noch immer umhüllte, und so das Gefühl des Exils anzusprechen, das mich für so lange Zeit zurückgehalten hatte. Da war dieses Leiden und diese Scham, nichts zu tun vermocht, sie den verhassten Ärzten ausgeliefert zu haben, sie, die mit einer erschreckenden und für all jene, die sich ihr näherten, einschüchternden Klarheit, die genauen Umrisse ihres Wahns beschrieb. Elie Wiesel spricht in seinen Erinnerungen von der Faszination, die ein Kabbalist auf eine kleine Gruppe von Studenten, der er angehörte, ausgeübt hatte und die zum Tod zweier seiner besten Freunde geführt hat. »Welch Ironie«, schreibt er, »es waren die Mörder, die mich – so sagt man – gerettet haben«[7] (womit er die Nazis meint, die das jüdische Ghetto »gesäubert« hatten). Diese Passage hat mich sehr getroffen. Julies Klugheit war faszinierend, weil sie so gut die Wirkung dieses Schwindels zum Ausdruck brachte, die von jener strahlenden Linie ausgeht, auf der sich das psychotische Reden manchmal zu halten vermag, wie auch den Reiz dieser Position, in der die Wahrheit vollständig vom Subjekt verkörpert wird, als ein an den eigenen geistigen Fähigkeiten

---

7 Elie Wiesel, *Tous les fleuves vont à la mer. Mémoires*, Paris 1994, S. 57.

krank gewordener Meister. Jedes ausgesprochene Wort bis in seine Abgründe hinein in Frage zu stellen, bis seine Schwächen, sein Ungefähres und Klaffendes zum Vorschein kam, war wahrlich Julies Leidenschaft, mit der sie sich ihrer fragilen Gewissheit versichern zu können glaubte. »Vielleicht ist der Körper nur der Anfang des Unaussprechlichen«, schreibt der Lyriker Jean-Louis Giovannoni, »sobald ein Wort ausgesprochen ist, sucht es in sich den Ort seines Erlöschens«, so als ob wir einen Körper nur in dem von unserer Stimme eröffneten Raum besäßen. Für Julie war dieser Raum völlig unerträglich. Der einbrechende Klang einer Stimme, der durch ein Wort sich eröffnende Sinn schien ihr die Wirklichkeit ins Wanken zu bringen und sie derart in Angst und Schrecken zu versetzen, dass nichts sie beruhigen und ihr aus ihrem Zustand heraushelfen konnte. »Und was, wenn man nur unter Verlust seines Körpers etwas benennen kann?«, fragte sie eines Tages, als ihr die Erschöpfung noch den letzten Rest an Aufbegehren nahm. Sie las Artaud, Kafka, Bataille, sie debattierte über ihren Wahn mit den Ärzten. Die Einweisung in die Anstalt war eine fürchterliche Niederlage.

Genau hier würde ich diesen symbolischen Moment des inneren Umbruchs verorten, und doch hat dieser Moment so wohl nie stattgefunden: Er existiert nur in der Erinnerung an etwas Erlebtes, in dem, was man von einer unbewussten Wende auszudrücken vermag, die die Schlinge löst und zulässt, dass ein gewisser Jubel zum Vorschein kommt. Dieser Jubel hat, so glaube ich, etwas mit der Liebe und dem Schöpferischen zu tun, vorausgesetzt er gewährt uns bei unserer fortgesetzten Entblößung diesen dünnen Zwischenraum. Das vielfache Herausgerissenwerden aus dem kindlichen Stupor, das Durchqueren eines immer wieder von Neuem wiederholten Verlustes eröffnet eine Bereitschaft, die für mich über die Anerkennung des sexuierten Körpers verläuft, dieses Schattens des Weiblichen, das seine Leinen über die mütterliche Trennung gespannt hat. »Indem die Psychoanalyse uns das sogenannte Unbewusste als stets verfügbare Sprachreserve und als einen Raum entdecken lässt, wo unsere Handlungsmuster produziert werden«, schreibt Serge Leclaire, »entlässt sie uns aus einer uralten Unterwerfung, befreit sie uns über alle Maßen und bürdet uns zugleich die Macht auf, dem anderen gegenüber zum Subjekt zu werden, und die erste Pflicht, den anderen als Subjekt anzuerkennen. Sie ist das Tor zu einem grenzenlosen Raum für das poetische Genie menschlichen Begehrens.«[8]

---

8 Serge Leclaire, *Le Pays de l'autre*, Paris 1991, S. 35.

Einen Teil für sich

Es besteht ein entscheidender Unterschied zwischen dem »Nicht-wissen-Wollen«, das dem Freud'schen Register der Verleugnung angehört und von dem man sagen kann, dass es als eine Form der Feigheit insbesondere während des Krieges vielen erlaubt hat, sich zu arrangieren, und dem »Nicht-alles-wissen-Wollen«, das den Akzent auf die Wahl legt: die freie Entscheidung, das tiefste Innere des anderen und damit auch sein eigenes Inneres zu respektieren.

Ein Geheimnis ist etwas, das man hütet. Im Gegenzug befähigt es dazu, mit etwas alleine zu sein, dessen Wert nur man selbst kennt. Nicht zu offenbaren, was man weiß, einen Teil »für sich« zu behalten kommt dem Verzicht gleich, Gebrauch von diesem wie auch immer gearteten Wissen zu machen. Und dieser Verzicht ist eine echte Kraft. Doch ist das Geheimnis mehr als nur ein Besitz. Es ist eine wesentliche Dimension des Seins, da es der Seele erlaubt, sich zu stärken, der »inneren Festung«, die nichts bezwingen kann, einen Platz einzuräumen. Man kann einen Körper vergewaltigen, man kann jemanden einem Test mit dem Lügendetektor unterziehen, ihn auf die Couch eines Analytikers legen, ihn hypnotisieren, doch man wird sich nie mit Gewalt Zugang zum Geheimnis seiner Seele verschaffen können. Folterer wissen das genau. Selbst zu Zeiten der Inquisition konnten sich die Verurteilten auf ihr »innerstes Inneres«, ihre »innere Festung« berufen und die Aussage verweigern. Diese Tür zur Seele ließ sich nicht öffnen. Die schönsten Seiten über die Geheimnisse des Herzens verdanken wir den Mystikern.

Im Französischen bedeutet »*mettre au secret*« »jemanden in Isolationshaft setzen«, jenen radikalsten Ort der Absonderung von den Lebenden, der vor dem Tod denkbar ist. Die Fähigkeit, ein Geheimnis zu verstehen und es zu hüten, ist auch die Fähigkeit zum Widerstand gegenüber der Macht. Ein Geheimnis existiert nur kraft seiner Möglichkeit, geteilt zu werden, kraft des Wortes, das es verteidigt oder verrät, kraft des Versprechens es zu halten, kraft des Geständnisses, das es entbindet. Es verweist in sich selbst auf eine Dreiecksstruktur. Ohne einen solchen gespensterhaften Adressaten gibt es kein Geheimnis, zeigt sich die Psychose, in der das Wissen sich vor dem Subjekt selbst verschanzt, das dennoch um es »weiß«, oder die blanke Auslöschung dessen, was für immer einer Wiedergabe harrt, wie jene Voyager-Datenplatten, auf denen menschliches Wissen gespeichert wurde für den Fall, dass sie von an menschlichen Erfindungen interessierten Außerirdischen aufgefunden werden (oder eben nicht). Eine Geheimtür erlaubt eine heimliche Flucht oder einen unbemerkten Rückzug. Sie existiert nur durch ihre unsichtbare Öffnung, die einen Zutritt zugleich verhindert und erlaubt.

Geheimnis der prophetischen Stimme

Was ist das für eine Stimme, von der das Alte Testament sagt, sie bedrohe und töte und sei doch leichter als ein Hauch, unhörbar für den, der wie Saulus zu wachen versäumte, langsam und tief wie die einer Mutter? Eine Stimme, das ist zunächst eine fleischliche Tonlage, ein in ätherischem Atem schwebendes Leibesstück. Und dieses Murmeln einer Stimme, die dem Gefühl des Lebens selbst vorangeht, diese Stimme, die ein Neugeborenes ein Subjekt werden lässt, weil sie sich an es richtet und es selbst jenseits dessen, was es weiß, anruft, diese Stimme ist buchstäblich prophetisch. Sie ist ein alleiniges Erbteil zwischen Mutter und Kind, zwischen zwei Liebenden, zwischen Gott und seinem Gesandten.

Etymologisch ist der Prophet ein Gesandter Gottes, und gesandt ist er, weil Gott selbst ihn gerufen hat. Gemäß einer schönen Formulierung Paul Ricœurs ist er ein einberufenes Subjekt. In dem Moment, da er antwortet, da er das Wort ergreift, kommt er ein zweites Mal zu sich, empfängt er einen Namen oder eine »Berufung«, eine Berufung, die ihn in den Zeugenstand ruft. Bei den Hebräern bedeutet *davar* ›Wort‹, aber auch ›Befehl‹ oder ›Handlung‹. Es ist eng verbunden mit *rûaḥ*, dem ›Geist‹, dem ›Atem Gottes‹ des Alten Testaments. Als etwas Dunkles, Geheimes, Rätselhaftes muss es entziffert werden, damit das Geheimnis sich manifestiert. In der Anrufung wird das *davar* objektiv, das »Er« des Wortes Gottes ersetzt das »Ich« des Propheten. Angesichts dieses Wortes geht es für den Menschen nicht mehr darum, etwas zu erahnen oder zu enträtseln, nun muss er gehorchen. Das *davar* Gottes erwartet eine Antwort von den Menschen. Es sei bemerkenswert, so André Neher, dass *davar* in der Bibel auch eine der ursprünglichen Bezeichnungen für ›Geschichte‹ ist. Deshalb kommt dem Namen – dem Faktum des Benennens überhaupt – in der jüdischen Tradition eine so große Bedeutung zu. Der Name enthält das Wesen seines Trägers. Gottes Wort ist ein »Hammer, der Felsen zerschmettert« (Jesaja). Der Prophet gehorcht dem *davar.* Dieser Gehorsam kann als eine Entäußerung verstanden werden, als eine Entäußerung, die ihn von einer falschen Natur zur Anerkenntnis seiner wahren Berufung führt. Weit entfernt davon, die Zukunft von einer übernatürlichen Eintragung seines Schicksals aus vorauszusehen, ist die prophetische Stimme als Geheimnis eine Neufiguration der Wirklichkeit durch eine spirituelle Erfahrung, die das noch nicht Geschehene oder Unerwartete befreit. Sie durchkreuzt das Schicksal, indem sie selbst zu einem Schicksal wird.

Der Prophet offenbart ein Geheimnis, ein für die Menschheit und ihr Heil bedeutendes Geheimnis. Die Vorstellung, der Prophet würde die Zukunft vorhersagen, stammt ursprünglich von den Griechen. Die Vorhersage wird Wirklichkeit, weil die Welt einer inneren Ordnung folgt, in der Freiheit eine Illusion ist. In der hebräischen Welt hängt das Schicksal von der unvorstellbaren Freiheit Gottes ab. Deshalb stellt der jüdische Prophet seine Berufung von Anfang an nicht in die Perspektive einer geschichtlichen Vorhersage. Natürlich kann er als Kritiker eines politischen oder gesellschaftlichen Zustandes fungieren, dem gegenüber er eine vorausschauende Position einnimmt, doch beschränkt sich seine Rolle nicht auf das Amt der Weissagung. Er ruft zur geistigen Umkehr auf, indem er den Menschen die Wiederholung zum Bewusstsein bringt. Man könnte sagen, er ist ein Vorbote einer Ethik der Psychoanalyse.

Wenn wir das Prophetentum lediglich im Register der Schwarzmalerei verstehen, entgeht uns das Wesentliche. Wenn der Prophet ein Hüter des Denkens von höchster Klarsicht und Strenge ist, dann hat die Moderne diese ursprüngliche Bedeutung auf die einer reinen Zukunftsvorhersage reduziert; das Prophetentum wäre demzufolge eine von einer göttlichen oder übermenschlichen Ordnung inspirierte Rede, die uns mit einem Schicksal droht, demgegenüber wir blind sind. Das ist die Rolle Kassandras. Kassandra hat mit dem Untergang Trojas das Unausweichliche prophezeit, eben weil niemand ihre Deutung der Vorzeichen der Katastrophe teilte.

Tatsächlich haben wir eine andere Bedeutung des Prophetischen vergessen, die von Jona – der Gestalt des Wächters überhaupt – verkörpert wird. Jona ermahnt die Menschen zur Wachsamkeit, sie sollen sich nicht vom Unausweichlichen einnehmen lassen. Doch meistens kommt er zu spät. Erst wenn wir das Vergangene und das Zukünftige in einer Gesamtschau miteinander verbinden, zeigt sich das Gegenwärtige für uns in einem ganz anderen Licht. Jona verlangt von den Menschen, sich ihrer wahren Berufung zu erinnnern, und er ruft dazu auf, in eben dieser Wiederaneignung der Erinnerung ein Potential zur Umkehr zu erkennen, um Katastrophe und Vernichtung zu entgehen. Für jene, die es an- und aufruft, bedeutet das prophetische Wort auch ein unermüdliches Wachen über das Mysterium.

Der Prophet, dessen Berufung es ist, die Menschen zu einer geistigen Umkehr zu bewegen, wird wie Jona manchmal selbst zu einem Werkzeug der Vergebung. Er überbringt Orakel, die zu einer moralischen Wende und zum Ungehorsam gegenüber dem Schicksal aufrufen. Prophetie bedeutet in diesem Kontext nicht, sich dem Schicksal oder den Vorschriften einer allmächtigen Vorsehung zu unterwerfen, vielmehr zeigt sie einen Weg der inneren Befreiung an, die einem Dialog mit dem Anderen entspringt, der die Zeit auf eine unverhoffte Dimension hin öffnet.

»Ich entsende dich, geh, sag es ihnen.« Die prophetische Berufung zu akzeptieren bedeutet, bei einem uns noch geheimen Namen genannt zu werden. Und doch bleibt die Zwiesprache zwischen Jona und Gott offen für Jonas Schweigen.

Man muss das Prophentum von der Religion getrennt betrachten, es als einen zwischen dem Versprechen und dem Unerwarteten aufgespannten Raum verstehen, der für uns Analytiker das Bindeglied zwischen Sprache und Geheimnis umreißt. Für uns bedeutet dieser Appell, dass wir als Sprachwesen immer schon im Versprechen sind. Das zur Sprache gekommene Subjekt, welches nicht das Ich mitsamt seinen imaginären, eine defizitäre Wirklichkeit halbwegs ersetzenden Konstruktionen ist, steht, bevor es überhaupt existiert, bereits in Verbindung mit dem Geheimnis und der Sprache. Schon im vorgeburtlichen Stadium ist es dem Anderen versprochen. So kann es die Spur eines früh verstorbenen Geschwisters, eines Exils, einer eingekapselten Gewalttat, eines unsagbaren körperlichen Leidens oder etwas ähnliches bezeichnen. Das Geheimnis umschleicht das Kind, das noch kein Subjekt ist, mit Phantasmen und der Last des Schweigens ganzer Generationen. Der Weg der Analyse ist ein wiederaufgenommenes Versprechen – ein Faden, den man in der Hand hält, den man sich selbst ausgesucht hat, als habe man ihn selbst erfunden. Im Kreise derer, die das Geheimnis verteidigen, eröffnet die prophetische Stimme die Möglichkeit einer ganz anderen Sprache. Das Unerwartete – wie das, was ohne eine Möglichkeit zur Vollständigkeit einbricht – befreit die Sprache, indem es sie vom Versprechen entbindet, ebenso wie es sie einer singulären Wahrheit eines Verlangens und eines Namens überantwortet.

Opfer

Welche Beziehung besteht zwischen Geheimnis und Opfer? Etymologisch gehen *secret* (Geheimnis; das, was vorenthalten, abgesondert oder zurückbehalten wird), *sacrifice* (Opfer) und *sacré* (heilig, geweiht) auf ein und dieselbe Wurzel zurück... Für den tschechischen Philosophen Jan Patočka ist die Selbstaufopferung für den anderen die »absolute Stätte des Menschen«. Allein die Möglichkeit eines solchen Opfers vermag es, die feindlichen Soldaten beidseits der Frontlinie zu versammeln und jenseits des sie zu Gegnern machenden Konflikts ein Subjekt in »die Gemeinschaft der Leidgeprüften« einzuführen. Das ist es, was er »das Leben in der Amplitude« nennt.[9] Seine Hypothese ist, dass die »Werte des Tages«, wenn man auf ihnen ein Leben in absoluten Werten gründet, sich nur als tödlich erweisen können. Im Opfer gibt sich ein Mensch nicht für sich allein, sondern für alle Menschen.

Wenn ein Einzelner sich durch sein Opfer vom Leben und von seinem eigenen Ich löst, um zu einer anderen Gesetzlichkeit, einer anderen Werteordnung des Lebens zu gelangen, dann akzeptiert er, nurmehr ein Koros zu sein, ein symbolischer Vektor, durch den sich ein Ereignis vollendet. In diesem Sinn ist er abgesondert von den Lebenden. Mit Ausnahme von Kriegszeiten, wenn er befohlen wird, ist der Akt

---

9 A.d.Ü.: Jan Patočka, »Leben im Gleichgewicht, Leben in der Amplitude«, in: Ludger Hagedorn u. Hans Rainer Sepp (Hg.), *Jan Patočka. Texte – Dokumente – Bibliographie*, Prag/ Freiburg 1999, S. 91–102.

des Selbstopfers für die Freunde und die Gemeinschaft fast immer unverständlich. Insbesondere dann, wenn eine Frau ihn auf sich nimmt. Für Politik und Gesellschaft stellt er schlicht eine zu große Gefahr dar, denn die Entscheidung, dem Leben zu entsagen, nimmt dem Staat jede Möglichkeit der Vergeltung – eine hochaktuelle politische Frage: Wie soll man auf einen Selbstmordattentäter Druck ausüben, wenn das Leben kein möglicher Verhandlungsgegenstand ist? Diese Vorenthaltung ist selbst ein Geheimnis.

Wenn man opfert, opfert man sich stets auch selbst. Von daher die dem Opfer über alle Religionen hinweg zugewiesene Bedeutung. Das Opfer ist keine Mordtat, auch wenn es ein Verbrechen sein kann. Es gehorcht einer Gesetzlichkeit, deren Grundzüge sich in zahlreichen Kulturen finden lassen. Wo das Heilige entweiht wurde, stellt das Opfer die Trennung zwischen dem Profanen und dem Heiligen wieder her.

Der durch den Körper des Geopferten wiedererschaffene Raum des Heiligen/Geheimen ist für einen Anderen bestimmt: Himmel, Göttlichkeit, Liebender, Geschick. Dieser Andere kann Namen, Aussehen und Vorkommen wechseln und doch Adressat des Opfers bleiben. Selbst wenn der sich Opfernde in monströser, absurder Geste fällt, so ist es noch immer eine Bitte, die er zum Ausdruck bringt, ein Schrei, ein Gebet. Dieses Gebet spricht die Revolte aus, die jenen antreibt, der sich gegen die Ordnung der Welt opfert. Es hat Teil an dem, was ein Opfer zu einem Akt außerhalb des Gesetzes, zumindest außerhalb des Gesetzes der Polis macht. Denn selbst wenn es im Rahmen der Legalität den Interessen einer Gruppe dient (Agamemnon opfert Iphigenie, damit der Trojanische Krieg stattfinden kann), pervertiert es das menschliche Gesetz, es fügt ihm einen Zug von etwas Monströsem, einer versteckten Schande zu. Es führt in die soziale Ordnung ein Unmaß ein – genau davon handelt das gesamte Werk Shakespeares.

Das Geheime ist ein Eingeweihtsein in ein Wissen, das eines oder mehrere Mitglieder eines Kollektivs herauslöst. Wie Platon in seinem Höhlengleichnis auf meisterhafte Weise gezeigt hat, findet sich das kleinste Intervall, das den Übergang von Gut zu Böse skandiert, an der Schnittstelle von Kollektiv und Individuum bzw. an genau jenem Ort, an dem ein Einzelner im Inneren der Gruppe die vorbeiziehenden Bilder anzuzweifeln beginnt, bezweifelt, dass es sich dabei um die Wirklichkeit handelt, und er (dieser Verrückte!) umzudrehen sich anschickt. Der Gefangene in der Höhle sucht nach der Quelle der Bilder. Wer wirft sie an die Wand? Wo beginnt das wahre Licht? Wer zwingt uns dazu, unverwandt jene, in die Farben unserer Wünsche getauchten Schatten anzustarren, die wie die Fähnchen im Wind unserer Wahrnehmung flattern, und mit aller Kraft zu glauben, dass das da und nichts anderes das wahre Leben sei? Ohne ein solches Umwenden, ohne eine Idee, wohin der Mensch sich umwenden kann, verbleiben die Menschen in einem geschlossenen System, wo sie, ob freiwillig oder nicht, vor der Macht der Bilder und süßer Augenwischerei kapitulieren. Bei Platon macht das Schicksal (das Vorbestimmtsein der Seelen) an der Schwelle zu dieser Gefahr Halt. Niemand vermag dieser Illusion ein Ende zu setzen, außer unter Einsatz des Lebens.

Das Opfer artikuliert sich im Geheimen, doch wenn es die Offenbarung vollzieht, dann exponiert es den oder die Opfernde als seinen Gegenstand, denn sein Sein, sein Körper »zählt« für die ganze Gemeinschaft. Ist das Mädchen, das lieber stirbt als zu gehorchen (Antigone), oder das aus Gehorsam stirbt (Iphigenie), unabdingbar dem Opfer geweiht? Die Weltordnung hängt davon ab. Es kann hier kein gutes Ende geben, das ist die Tragödie im starken Wortsinn. Kreons Polis muss die Einhaltung der Gesetze gewährleisten, Antigone hingegen kann sich nicht ihrer Abstammung entledigen, die sie bis in den Tod an ihre Geschwister bindet: Iphigenie muss geopfert werden, damit der Trojanische Krieg stattfinden und die Weltordnung wiederhergestellt werden kann, doch nichts bleibt geheim.

Man darf nicht vergessen, dass das Opfer immer ein Opfer für die Götter ist. Das Opfer lässt den Göttern ihre Göttlichkeit und beschließt die Endlichkeit der Menschen, um die Gnade der Götter zu erringen und die Grenze zwischen Göttern und Menschen aufrecht zu erhalten. Wer nimmt in einer Welt, in der, zumindest in den alltäglichen Beziehungen der menschlichen Gemeinschaft, der Unterschied zwischen Profanem und Heiligem keinen Sinn mehr hat, den verlassenen Ort des Göttlichen ein? Was nützt es in einer Welt ohne Teleologie, die göttliche Gnade anzurufen? Noch immer erzeugt das Opfer die Grenze zwischen dem Profanen und dem Heiligen, doch anstelle und am Ort des Göttlichen ist nichts und niemand mehr.

Der mysteriöse Teil

Das Intime ist ein Raum der Weltaneignung, ein vom Geheimnis, von der Einsamkeit und sicher auch vom Nicht-Vermittelbaren ausgehender Raum; ein Raum dessen, was, um kommuniziert zu werden, eine eigene Sprache finden muss, die nicht die gemeinhin praktizierte ist. Es ist schwierig, diesen psychischen Raum ohne Bezugnahme auf etwas Spirituelles zu beschreiben. Was ist denn dieses derart weit Gefasste, so exakt wie möglich Bestimmte, wenn nicht die extrem scharfe Beziehung, die es mit dem Realen, der Zeit und dem anderen unterhält, als ob wir plötzlich von unseren Verpflichtungen gegenüber dem Über-Ich, von der Last unserer Vergangenheit oder einer nicht eingelösten Erinnerung befreit werden könnten, um endlich die Gegenwart in ihrer geheimsten Dimension ergreifen zu können? Es gibt einen viel weiteren Innenraum als für das Ich begreiflich ist. Die Fähigkeit, von der wir unvermittelt ausgehen können, ist die Innenschau, das, was auf Englisch »insight« genannt wird, dass es einen lebendigen Bezug zwischen dem Intimen, der Fähigkeit zu Heilung und der Wahrheit gibt.

Doch hier bedarf es erneut einer Volte in Richtung Vergangenheit. Es gibt tatsächlich eine Geschichte des »Wahr-Sagens«, die seit Aristoteles das Denken einer körperlichen Prüfung unterzieht. Bei der Folter wird davon ausgegangen, dass die im Mittelalter sogenannte peinliche Befragung den ihr Unterzogenen infolge der ihm zugefügten Schmerzen die Wahrheit sagen lässt. Der Gefolterte bringt die Wahrheit dar, die er verbergen wollte. Was ansonsten durch die trügerischen Sinne verzerrt würde, gibt die Folter unmittelbar und ohne möglichen Zweifel wieder. Doch genau dies wird von Aristoteles hinterfragt: Warum wird die Wahrheit gesagt und nicht irgendeine Lüge? Nur damit das aufhört, damit die Folter endet, denn »der Körper lügt nicht«.

Um auf die Psychoanalyse zurückzukommen: Ist nicht auch sie eine Art Folter? Ist es glaubhaft, dass Freud von den Hysterikerinnen, die sich auf seine Coach gelegt haben, die in den verschlungenen Wegen ihres verkannten Begehrens liegende Wahrheit empfangen konnte? Wahrheit des Phantasmas oder Wahrheit des Realen: Er selbst zögerte lange, bevor er die Entscheidung fällte und dabei einmal mehr die Grenzen des Wahrheitsfeldes verschob. Schließlich wissen wir seit Freud, dass das Sprechen zwischen Vorwand und Ausrede gefangen bleibt, solange das Subjekt sich nicht, weit über das Persönliche hinaus, durch die Wahrheit einnehmen lässt.

Keine Wahrheit ohne Bestätigung, ohne Wiederholbarkeit. Ohne Zeuge oder Überprüfbarkeit befinden wir uns in der reinen Erfahrung. Wahrheit beginnt dort, wo sie bestätigt werden kann. Kierkegaard macht aus der Wiederholung das reine Faktum eines Zwangs, der die Existenz überkommt. In der Nachfolge Schopenhauers und Spinozas wollte auch die Psychoanalyse die Wiederholung als Zwang denken, d.h. den in uns vorhandenen »Willen«, die gleiche Situation, das gleiche Gefühl, den gleichen Affekt, egal wie schmerzhaft, noch einmal zu erleben. Und in der Tat zeigt sich das, woran die Patienten leiden, und dessen Ursprung und Wirkungsweise sie nicht verstehen, zuallererst als Wiederholung. Diese Wiederholung stellt einen unmittelbaren Bezug zur Wahrheit dar. Als etwas, das uns widerfährt, nicht um ertragen zu werden, sondern als etwas, das uns in der Wiederholung trägt. Das, was sich, in einem klinischen, pathologischen Sinne, unaufhörlich wiederholt, ist zugleich das, was als Wahrheit nie in Erscheinung treten kann, was in einer Familiengeschichte, einem historischen Bericht oder in den Archiven verfälscht wurde.

Eine plötzliche Heilung ist in einem gewissen Sinn eine Umkehrung der menschlichen Zeit, d.h. einer Zeit, wie sie sich kontinuierlich und ausgehend von unseren fragmentierten Selbstbildern in uns niederschlägt. Eine solche Umkehr stellt einen Bruch dar. Sie schafft ein Vorher und ein Nachher. Jede Heilung ist wesentlich unerwartet, undenkbar, weil sie den inneren Begrenzungen, gemäß denen wir sie uns vorstellen, stets vorausgeht. Sie ruft uns zu einer Begegnung mit dem anderen (und also mit uns selbst), sie ruft uns von jenseits unserer Herkunft, während sie für uns ganz und gar einer Zukunft zugehört. Es gibt keine dauerhafte Heilung, die nicht zugleich eine Niederschrift unseres Körpers, unserer Geschichte, unserer Ängste, des von uns Vergessenen, des Schreckens und der Auflösung des Ich in der Subjektwerdung wäre.

Ein neues Leben ist zugleich ein Anfang und eine kontinuierliche Verwandlung. Eine Verwandlung erfordert jedoch einen geheimen Moment der Entfaltung, damit das, wodurch sie getragen wird, hervorgebracht werden kann. Das ist es, was Aristoteles *dynamis*, Potenz, nennt. Das neue Leben als ein Moment einer Verwandlung ist also, im Sinne einer Initiation oder Konversion, wesentlich eng mit dem Geheimnis verbunden.

Inwiefern erfordert eine Verwandlung, um fruchtbar zu sein, das Geheimnis und einen Schutz dessen, was das Geheimnis ausmacht? Anstelle von »Geheimnis« hätte ich auch »Mysterium« schreiben können. Doch das Mysterium ruft das Register des Religiösen auf, eine transzendente, offenbarende Dimension. Das Geheimnis ist bescheidener, aber nicht weniger vital. Es umhüllt, beschützt und verteidigt eine notwendige Verwandlung. Das Geheimnis einer Psychoanalyse, das Geheimnis der Embryologie, das Geheimnis der Ausarbeitung eines Werks, das Geheimnis der Verwandlung von der Puppe in einen Schmetterling, das Geheimnis dessen, der es versteht, den geglückten Augenblick, den *kairos* zu ergreifen. An dieses Geheime zu rühren bedroht jeden, ich wäre fast versucht zu sagen, biochemischen Prozess der Verwandlung, wie auch seinen Umschlagsmoment. Der Augenblick, da eine Identität sich in eine andere verwandelt und doch die gleiche bleibt.

Damit das Mysterium vor seiner Enthüllung geschützt bleibt, muss sich das Geheimnis in der Tiefe der sich vollziehenden Verwandlung selbst festigen. Der Übergang vom Signifikanten »neu« zum Signifikanten »ewig« ist einer der Kraftakte, den das Gedicht zu bewerkstelligen hat. Dante empfängt eine Vision, bei der ihm Beatrices Herz erscheint. Das Denken bleibt in der Vision oder im Traum eingeschlossen, mit einem taghellen Denken lässt es sich nicht vollständig erklären. Die Verdoppelung des Geheimnisses besteht darin, dass der Erzähler die Notwendigkeit verspürt, seine Leidenschaft gegenüber Beatrice zu verbergen, indem er so tut, als gelte seine Liebe einer anderen. Ein solches Verheimlichen gleicht nicht dem Tiegel des Alchimisten. Etwas wird verheimlicht, damit das wahre Geheimnis geschützt bleibt, die Verheimlichung stellt eine notwendige List dar, damit sich die Verwandlung vollziehen kann. Schließlich verlässt der Dichter diesen Umweg, um wieder auf den offenen Pfad der Aussprache zurückzufinden. Doch Beatrice wird sterben.

Das Geheimnis ist nicht mehr der anderen wegen notwendig, vielmehr verinnerlicht es sich in der Feier der Sprache selbst.

Die Gnade liegt im Ereignis. Weder spirituell noch psychisch oder fleischlich taucht sie in einem Moment in der Zeit oder im Raum auf, in einer Begegnung, jederzeit – mit einer Landschaft, einem Tier, einem Horizont, einer Haut, einem Blick, in einem Moment, da man darin einwilligt, nichts mehr zu wissen und nichts mehr zu beherrschen. Gnade ist das »Ja« des spielenden Kindes, von dem Nietzsche schreibt, die letzte der drei Verwandlungen, das Heraklit'sche Ja des Werdens. Manchmal geschieht nichts und auch dies ist bereits Gnade, oder aber ein Ereignis verkehrt sich, Gesten, Worte, die Wirklichkeit selbst nehmen eine andere Richtung, und doch bleibt alles still. Diese Stille im Zentrum der allerlebendigsten Intensität ist das Geheimnis. Sein Mysterium.

Manchmal sucht das Mysterium das Denken auf. Manchmal ensteht aus ihm eine Idee. Eine Idee ist ein Wunder, dergestalt wie man es im Mittelalter verstand: etwas zugleich Erstaunliches wie Schreckliches, zu dessen Träger und Zeuge die Sprache wird. Wir sind Gastgeber, die sich für Demiurgen halten. Das Denken ist zuallererst eine Gastfreundschaft gegenüber der Weisheit der Welt und des Lebens. Das Mysterium ist ein Horizont, ein Geheimwerden der Welt.

Titel der Originalausgabe:
Défense du sécret

ISBN 978-3-0358-0218-4

Satz und Layout: 2edit, Zürich
Druck: Steinmeier, Deiningen

www.diaphanes.net